SUZANNA DE BOKAŸ

LE GPS RELATIONNEL®

LE NOUVEL OUTIL DE COMMUNICATION

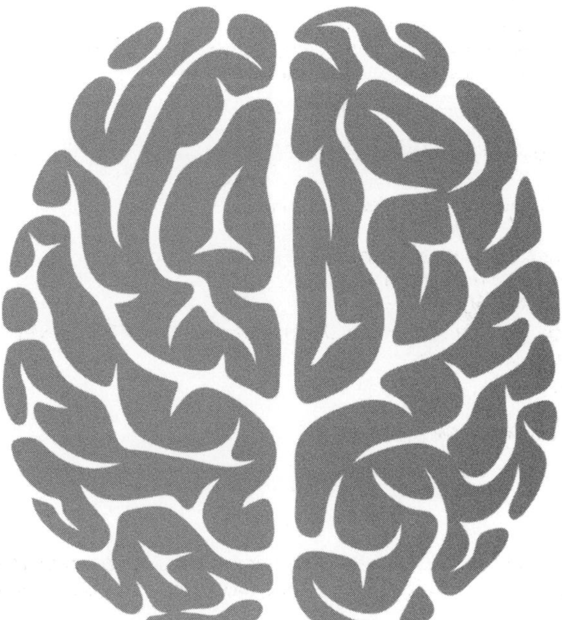

Hugo New Life

GPS Relationnel©
Se comprendre - Se faire comprendre

**Pour faire le test GPS-Relationnel®
et bénéficier de l'avantage offert au lecteur
de ce livre, avec le code préférentiel livre2,
scannez le QR Code ci-dessous :**

Ou allez sur le site https://gpsrelationnel.com

Nul ne peut avoir de lien avec son prochain,
s'il n'en a d'abord avec lui-même.

Carl Gustav JUNG

À Victoria et Benjamin

SOMMAIRE

PRÉFACE

Nous cherchons tous à mieux nous comprendre et à mieux nous faire comprendre.
Suzanna de Bokaÿ peut-être plus que d'autres, en raison de son parcours de vie. C'est pour cela qu'en s'appuyant sur les travaux du neuropsychologue Roger W. Sperry et du neurobiologiste Paul MacLean, elle a développé une approche originale qu'elle a baptisée Le GPS-Relationnel®.

On sait maintenant que le cerveau, dans sa complexité, échappe aux schémas dans lesquels on a tenté de l'enfermer depuis cinquante ans, comme celui de la dualité hémisphère droit-hémisphère gauche. Mais, même si une vision holistique prévaut maintenant, la spécialisation hémisphérique existe bien, dicte nos comportements et explique nos biais. Ce sont ces préférences cérébrales que cartographie le GPS-Relationnel®. C'est une cartographie différente de celle que nous réalisons au bloc opératoire de neurochirurgie, elle est plus simple et plus rapide. Elle est néanmoins précise dans son diagnostic, permettant de mieux identifier nos champs de confort ou d'inconfort, de mesurer l'énergie nécessaire pour passer d'une préférence à une autre ou d'expliquer pourquoi on est en burn-out.
L'approche que Suzanna de Bokaÿ a développée, à la fois test et outil, réalise parfaitement son souhait d'aider et de créer du lien. Une démarche qui nécessite beaucoup de créativité et d'empathie, c'est pour cela qu'elle ne me tiendra pas rigueur d'écrire d'elle qu'elle a un bel hémisphère droit...

Professeur Philippe Menei
Chef du service de neurochirurgie au CHU d'Angers

AVANT-PROPOS

J'aime créer du lien... Oui, c'est ainsi que j'aimerais me présenter.
Et pourtant rien ne fut évident pour moi, de langue suédoise, élevée en France à la scandinave. Enfant, je me souviens d'avoir été la risée de mes camarades de classe, moi qui me régalais de jambon à l'os et de petits pois, le menu finlandais du soir de Noël ; car dans ce pays du nord et du froid, les petits pois en hiver, c'est de l'or...

Mon père, hongrois, naît à Budapest en 1948. À dix-huit ans, il arrive en France en tant que réfugié politique et fait ses études à Sciences Po et HEC. Avant de retourner en Finlande, ma mère, étudiante en Angleterre, séjourne quinze jours à Paris où elle rencontre mon père au Club américain : ils ont le coup foudre et se marient.

Je nais donc de parents exilés. Je grandis en entendant en permanence quatre, cinq ou six langues. Le suédois est stricto sensu ma langue maternelle. Mon père me parle en français. Entre eux, mes parents utilisent l'anglais.
Mon père converse naturellement en hongrois avec son frère qui l'a rejoint en 1956, après l'insurrection de Budapest contre les politiques imposées par l'URSS. Mon oncle s'installe dans l'appartement à côté du nôtre, avec son épouse allemande qui a vécu en Italie ; l'italien et l'allemand rejoignent donc mon univers linguistique. Entre tous les cousins et cousines, dans cet immense melting-pot, les échanges se font en anglais.
Le sport tient une grande place dans ma vie. Mon père a une passion pour la voile, la navigation, c'est un marin dans l'âme. Tous les dimanches, sur la

Seine, il régate et gagne ! Il est champion de France, d'Europe, du Monde et des pré-Jeux olympiques à Mexico en 1968. Ces compétitions forgent en moi le sens de la ténacité et la capacité de rebondir après l'échec.

De mon père, il me reste aussi le sentiment que le jour que nous vivons est peut-être le dernier. Et de ma mère, me vient cette forte capacité de résistance, propre à ceux qui vivent au grand froid, comme en Finlande, où tout rayon de soleil est précieux. Mon éducation est empreinte de l'art finlandais nommé *Sisu*, mélange de courage, de résilience et de persévérance. Ce peuple, un des plus heureux, a également un système scolaire considéré comme le meilleur du monde...

Je suis a priori bien armée pour la vie, et pourtant j'ai du mal à m'intégrer. Fusionnent en moi plusieurs langues et surtout plusieurs modes de vie. J'aime cette différence, mais je ne suis jamais tout à fait comme les autres. ***Je ressens déjà le profond besoin de découvrir un langage universel permettant d'être compris de tous.***

Le premier pas de ma démarche (j'ignore alors que je pose les fondations d'une longue réflexion qui va aboutir de longues années après à la mise au point du GPS-Relationnel, objet du présent livre) ***est de vouloir être interprète*** pour pouvoir comprendre et être comprise, et créer du lien, ce que j'aime tant.

Ma vie affective et mon esprit de grande voyageuse m'amènent à vivre sur une île grecque, Kéa. La rencontre d'archéologues y exhumant un village me fait modifier l'objet de mes études. Ils perçoivent immédiatement l'intérêt et la richesse de mon *background* familial. Ils n'ont guère de difficulté à me convaincre que c'est à l'anthropologie sociale (ethnologie) que je dois me consacrer. À vingt-quatre ans, je pars aux États-Unis pour ***étudier l'ethnologie à l'université américaine de Berkeley, en Californie***.

Suivant leur conseil, je sollicite une rencontre avec le directeur du Musée de l'Homme, le célèbre paléoanthropologue Yves Coppens (qui a découvert en 1973, en Afrique, le squelette de femme le plus complet au monde, baptisé Lucy). Mon audace est récompensée : je pars au Kenya et le rejoins, ainsi que son épouse que j'assiste amicalement pour sa thèse sur la vie des femmes de l'île de Lamu, qui sont de culture et de religion aussi bien musulmanes que chrétiennes, africaines ou chinoises. Nous recueillons par écrit toutes les comptines, chansons, tous les rites qu'elles se transmettent oralement de la naissance à la mort.

Le retour en France m'est cruel. J'ai beau être quadrilingue, avoir fait des études d'ethnologie, je suis inclassable sur le marché du travail. Mes amies, que je retrouve, ont toutes fait de belles études dans des écoles renommées ou des filières plus classiques que la mienne. Elles trouvent facilement un emploi. Je me sens encore une fois différente, moins intelligente qu'elles qui, à trente ans, occupent déjà souvent des postes à responsabilités.

J'intègre le monde professionnel par un stage au magazine *Newsweek*, ravie de retrouver la culture américaine, l'ouverture d'esprit et la curiosité qui la caractérisent.
Je trouve ensuite un emploi rémunéré au sein d'une entreprise d'achat d'espaces en radio/télévision/presse à l'international. Son président est séduit par ma maîtrise de quatre langues !
Je parle quotidiennement avec les filiales en Angleterre, Espagne, Italie et Allemagne, mais je ne me sens toujours pas à ma place. Je dois suivre des procédures, vérifier des chiffres et des éléments techniques, CONCRÉTISER, etc.
C'est à l'inverse de ma nature. Un pan de ma mission ne correspond absolument pas au fonctionnement de mon cerveau (vous comprendrez pourquoi en lisant ce livre). J'y reste cinq ans ! Finances obligent.

Grâce à l'intervention amicale et pertinente d'une amie très proche, Sophie R., et forte de cette première expérience professionnelle, je m'oriente vers les relations presse. Sophie me présente la personne adéquate, un éditeur de musique et de livres grand public.

Je découvre que je possède déjà une grande capacité à créer, à utiliser des réseaux que je vais pouvoir mettre au service des éditeurs durant plus de vingt ans en tant qu'attachée de presse, chargée de relations publiques et créatrice d'événements. ***Je ne vends plus un produit, je crée un échange.*** Là, naviguant en eaux de toutes sortes, par tous temps, je m'épanouis. J'observe, je m'adapte, j'apprends comment m'adresser à l'autre pour qu'il me comprenne. Il semble que ce ne soit pas seulement une question de langue.

Entre-temps, je me marie et intègre l'univers de la politique. Il ne faut y parler qu'avec discernement, jamais spontanément, savoir être diplomate

et discrète – l'inverse de ma nature. Je tente dans ma vie privée de faire de mon mieux.
Puis me voici mère de deux enfants : une fille brillante et un garçon inclassable, dont le QI est d'abord évalué à 70 (alors qu'il s'avérera être de 117). Un garçon inclassable pour lequel je vais me battre, faisant fi de diagnostics médicaux contradictoires, suivant mon intuition et aidée par une professeure de maternelle qui va changer le cours de sa vie. Il est aujourd'hui un adulte autonome et épanoui.
C'est donc toujours l'humain et la relation que l'on instaure qui nous font aller plus loin et croire en nos forces et capacités.

En même temps, je continue à travailler, mais en 2004 je suis atteinte d'un cancer du sein. Je consulte, recherche et compare techniques et traitements. Je ressens un manque de soutien, d'autant plus quand les banques me rejettent.
Je vais alors divorcer du père de mes enfants. ***Je constate que s'aimer ne suffit malheureusement pas, il faut avoir le même fonctionnement pour arriver à se faire mutuellement du bien sans que l'équilibre de chacun en soit déstabilisé.***
Nous avons gardé un merveilleux rapport de respect et d'amour grâce aussi à nos magnifiques enfants. Le lien familial est toujours là, nous passons des vacances ensemble, ainsi que des anniversaires et des fêtes.

Avec la maladie, je remets en question mon fonctionnement et crée mon agence « Bokaÿ Relations Presse » (Notre Savoir-Faire est de Faire Savoir), dans le domaine de l'art, pour les émotions, les sensations et non plus par les chiffres et la froideur du raisonnement. L'art touche toutes les classes sociales. Abattant les barrières limitantes, il ouvre l'esprit, la façon de voir et permet d'aborder différemment les situations.

Cinq ans après, un verdict très violent tombe : j'ai un second cancer. J'avais accepté le premier, je reçois le second nettement moins bien. Je me dis que je n'ai pas fait ce qu'il fallait la première fois.
Forte de cette réflexion, je reconsidère mes priorités et crée en 2009 ArtForce. Cette agence apporte aux entreprises un regard transversal, par le biais de l'art et des sciences humaines, sur leurs problématiques managériales. Les conférenciers avec lesquels je collabore sont issus de domaines aussi variés que la peinture, la musique, la danse, la géographie, l'histoire... et ils passionnent leurs auditoires.

Nous mettons en évidence le fait que dans chaque situation de l'existence, il y a une autre façon de voir, un éclairage autre que celui adopté spontanément.
Et cela vient de loin. D'où ? La suite de mon parcours professionnel va m'apporter une réponse grâce à une rencontre, celle d'un expert* en neurosciences.

Grâce à lui, je découvre l'univers des neurosciences. **Je conçois alors en 2012 l'Expérience GPS-Relationnel®** – après tout un travail de recherche et développement –, ***un outil de communication qui touche le plus grand nombre et pas uniquement dans la sphère professionnelle.***

Tout se met en place, je revois mon histoire sous un autre angle, comprend celle des autres. En amont de l'intelligence et de la culture, ***notre premier fonctionnement dépend de la façon dont notre cerveau est construit***. Chacun naît avec sa propre manière de fonctionner. ***Nous « sommes »*** notre cerveau. Notre identité en découle. Nous devons la respecter et respecter celle des autres.

Voilà pourquoi, souvent, nous sommes malheureux face à des tâches qui ne sont pas adaptées à notre fonctionnement cérébral, sans qu'il soit question d'intelligence. ***Méconnaissant notre propre fonctionnement cérébral, nous pouvons rester impuissants à nous comprendre et nous faire comprendre.***

Voici comment est né mon désir de faire partager à chacun, à travers *Le GPS-Relationnel,* cette connaissance de l'utilisation que nous faisons des quatre parties de notre cerveau* (Roger W. Sperry**, prix Nobel 1981) ***et les clés pour que celui qui ne fonctionne pas comme nous puisse nous entendre et nous comprendre. Enfin, se comprendre tous !***

**Solon Smith est docteur en philosophie et psychologie. Il a suivi les travaux sur le développement cognitif du California Institute of Psychologie de Pasadena, en Californie, et structuré la méthodologie des préférences cérébrales sous l'autorité, durant trois ans, du prix Nobel Roger Wolcott Sperry. Il a aussi travaillé au Canada avec Gabriel Racle, neuro-pédagogue (spécialiste du cerveau) ainsi qu'Henry Mintzberg, auteur de recherches sur les hémisphères du cerveau et le management en particulier dont il parle dans son livre* Le management, voyage au centre des organisations, *ainsi qu'avec le neurobiologiste Henri Laborit.*

***Roger W. Sperry a été récompensé en 1981 par le prix Nobel en médecine physiologique, pour son travail sur les quatre préférences cérébrales.*

CE QU'APPORTE L'EXPÉRIENCE GPS-RELATIONNEL®

Encore un livre sur le Moi ? Le cerveau humain ? Le QI ? Le QE ? Non !

Un livre sur le plaisir ; un livre pour découvrir pourquoi, comment le plaisir est le moteur de la vie, grâce au test GPS-Relationnel® qui se situe en amont de tous les autres que vous avez pu faire et en est complémentaire.

En amont, car avant tout ce qui peut influencer notre évolution, il y a **notre empreinte cérébrale** qui fait de nous ce que nous sommes et serons toujours : **un individu unique**, à plus d'un titre.

Une empreinte qui dit **notre fonctionnement originel, celui de notre cerveau**, et nous indique, en dehors de toute notion d'intelligence ou d'affectivité, que performance, épanouissement et réussite ont une même source : **le plaisir propre au fonctionnement de chacun.**

Enfin, un livre qui vous apporte deux outils indispensables pour mieux communiquer :

- le test GPS-Relationnel® (voir QR Code en début d'ouvrage) permet de SE COMPRENDRE et de découvrir son empreinte cérébrale ;
- dans un deuxième temps, le guide du langage universel (**G**uide **P**références **S**imultanées), pour SE FAIRE COMPRENDRE de tous, pages 104-105.

Un livre qui met en lumière le fait qu'il n'y a pas un profil meilleur qu'un autre. Un livre qui donne les clés de compréhension de soi, des autres, des clés de communication à partir de ce que nous sommes – sans souvent le savoir – et qui est inscrit en nous, dans un organe ô combien extraordinaire : le cerveau.

Cet ouvrage fait référence à la notion des « 4 préférences cérébrales » (découverte de Roger W. Sperry, récompensé par le prix Nobel 1981 de médecine physiologique) déclinée, appliquée, reprise en entreprise par un certain nombre de professeurs et consultants pour notamment constituer des équipes de personnes plus compatibles et efficaces.

La nouveauté du livre que vous avez entre les mains – et ce que j'appelle l'Expérience GPS-Relationnel® – est l'utilisation que l'on fait des « 4 préférences cérébrales » dans sa vie privée pour mieux se connaître, se comprendre et comprendre les autres, savoir communiquer, éviter et désamorcer les conflits, le cas échéant.

Cela ouvre des voies pour retrouver de l'harmonie dans la vie de tous les jours : vie de couple, relations amicales, choix d'études, de métiers, relation à l'argent, à la santé, choix de sports, loisirs, gestion des événements heureux et moins heureux.

Grâce au test GPS-Relationnel®, vous allez, en ayant une meilleure connaissance de vous-même, comprendre votre fonctionnement et celui de vos proches. Grâce au GPS du langage universel, vous optimiserez votre communication et gagnerez en sérénité dans tous les contextes, qu'ils soient amicaux, familiaux, amoureux ou professionnels.

Avec le GPS-Relationnel®, la devise de Carl Gustav Jung (médecin psychiatre suisse et fondateur de la psychologie analytique) prend tout son sens : « Nul ne peut avoir de lien avec son prochain, s'il n'en a d'abord avec lui-même ».

Cet outil rend possible une meilleure connaissance de soi en considérant ce qui est gravé au plus profond de nous-mêmes, notre empreinte cérébrale. Cette forme de compréhension de soi ne revient pas à s'extraire du monde, mais au contraire à mieux se situer dans son univers, mieux se comprendre et s'accepter, individuellement, collectivement.

J'espère que ce livre vous éclairera et vous permettra d'être toujours en harmonie avec vous et les autres. Bienvenue dans un nouveau monde relationnel.

INTRODUCTION

Avant d'évoquer plus en détail la notion de « préférences cérébrales » et tout l'intérêt qu'il y a à connaître celles-ci, il est indispensable de s'entendre sur ce que nous appelons « communication » et de comprendre a minima comment fonctionne le cerveau.

Si nous parlons ici de communication, c'est avant tout car le GPS-Relationnel® va donner à tout un chacun les clés d'une communication réussie, c'est-à-dire les clés pour comprendre son propre fonctionnement et le fonctionnement de l'autre, qui dépendent prioritairement d'une chose : notre empreinte cérébrale, comme une signature indélébile, inscrite en nous dès le premier jour de notre existence.

Selon Jean-Louis Dessalles, chercheur en intelligence artificielle et en sciences cognitives : *« Nous passons en moyenne six heures par jour à converser, soit un tiers de notre temps éveillé. C'est énorme. Aucune autre espèce ne fait ça. Comment est-on passé de ce primate incapable de parler à ce primate incapable de se taire ? »*

La communication par le langage : le propre de l'homme

Si les êtres animés peuvent communiquer par signes, par sons, le propre de l'homme tient au langage par la parole, à même d'exprimer une pensée. Sans ce langage, qui serait apparu il y a environ deux millions d'années, pas de connaissances, de réflexion, d'argumentation, d'abstraction.

Chez l'être humain, l'acquisition du langage se fait dès la naissance et pourtant nous ne nous comprenons pas toujours...

On distingue, le plus souvent, trois types de communication :

- la communication de groupe : un émetteur s'adresse à plusieurs récepteurs ciblés (exemple : réunion de famille, groupe de travail) ;
- la communication de masse : un émetteur s'adresse au plus grand nombre possible de récepteurs (exemple : les médias) ;
- et la communication interpersonnelle qui s'établit entre deux individus au moins, avec pour objectif d'échanger des informations, des réflexions ou des émotions.

Le GPS-Relationnel® va nous donner les moyens d'avoir une communication totale, c'est-à-dire optimisant la compréhension de nos propos par chacun, que nous nous adressions à tous, à un groupe ou encore à quelques individus voire un seul.

Dès lors que nous aurons compris qui nous sommes (nos préférences cérébrales) et comment peuvent être les autres, alors nous serons au cœur de l'échange entre êtres humains. Si l'homme peut penser sans parler, il ne peut pas parler sans penser. Transmettre, partager, dire, reformuler, expliquer, se mettre au niveau de son interlocuteur, s'assurer qu'il a bien compris, voilà l'essence même de la communication et notamment la communication interpersonnelle.

L'échange interpersonnel suppose cinq éléments principaux

- Un émetteur : la personne source de la communication, du message.
- Un récepteur : le destinataire de la communication, du message.
- Un support : verbal, écrit.
- Un code : langage utilisé.
- Une rétroaction : s'il y a réponse du récepteur à l'émetteur.

La communication orale, si elle se base sur les mots, s'accompagne d'une communication non verbale (gestes, postures, mimiques), voire paraverbale (volume, intonation, débit de parole) qui reflète les émotions, au point de trahir parfois les paroles. Autant dire que dans tout dialogue, le contenu et la relation instaurée forment un tout. Toute communication revêt deux aspects : le contenu et la relation.

Selon le courant de pensée de l'école de Palo Alto[1], c'est la relation – ou tout du moins la manière dont le récepteur s'implique dans celle-ci – qui fait que le message passe convenablement ou, à l'inverse, est reçu de façon biaisée.

Qui ne s'est pas dit, dans sa vie privée, familiale, amicale, professionnelle : « *Celle-là, celui-là, c'est toujours pareil, quand je lui parle, j'ai l'impression qu'elle, qu'il ne me comprend pas !* » ou au contraire : « *Avec elle, avec lui, on s'est compris tout de suite !* » ?

C'est bien la communication qui resserre ou distend les liens. D'où l'intérêt de s'assurer de mieux se faire comprendre et d'accepter et accueillir l'autre dans sa différence, et réciproquement.

Ne pas heurter l'autre apporte la qualité essentielle du rapport humain.

On parle d'ailleurs parfois d'aisance relationnelle, cette capacité qu'ont certains

1. L'école dite de Palo Alto, créée par Gregory Bateson au XXe siècle, aux États-Unis, désigne un groupe d'hommes pluridisciplinaires qui ont révolutionné le champ des sciences humaines en plaçant la communication et la notion de système au cœur de leur théorisation, élaborant ainsi une nouvelle manière d'appréhender la communication entre les individus.

à nouer le contact et à interagir facilement et efficacement quand d'autres en sont a priori incapables, n'en ont pas l'envie, voire n'en voient pas l'intérêt.

Cette capacité à entrer en communication avec l'autre revêt une importance capitale dans tous les domaines de notre existence. Elle permet de créer, d'entretenir, de maintenir des liens avec les autres et facilite tout simplement la vie.

Mais quel rapport avec notre cerveau ?!

CERVEAU ET COMMUNICATION : UN SUJET RÉCENT POUR LES NEUROSCIENCES

Depuis toujours, le cerveau fascine autant les scientifiques que le grand public. Les avancées actuelles des neurosciences[2] constituent l'une des perspectives les plus fascinantes de la recherche. Comprendre l'organisation et l'activité des quelque mille milliards de cellules spécifiques – les neurones – qui le composent, reliées entre elles par des milliards de connexions, représente une tâche d'une ampleur sans doute infinie.

UN « DRÔLE » D'ORGANE

De la taille d'un pamplemousse, le cerveau représente environ 2 % du poids total d'un homme (environ 1,323 kg pour l'homme et environ 1,144 kg pour la femme, dont 75 % d'eau).

Son activité est telle qu'il consomme 20 % de l'énergie produite par l'organisme – essentiellement du glucose –, un besoin qui pourrait sembler disproportionné par rapport à sa masse.

Viscère de consistance molle, parcouru de nombreux sillons propres à chacun – tels les sillons de nos empreintes digitales –, il a une apparence bosselée et sa couleur varie du blanc au gris. Le langage courant nous fait d'ailleurs évoquer la « matière grise » pour parler des facultés intellectuelles et de compréhension.

A priori peu avenant, le cerveau humain est pourtant l'organe qui ferait en partie la spécificité de l'homme, du fait du rôle central qu'il occupe. L'état actuel des connaissances nous fait dire qu'il est certainement le plus complexe produit de l'évolution du vivant.

À la fois tour de contrôle, processeur, régulateur, coordinateur, il est le siège des

2. Ensemble de disciplines étudiant le système nerveux (dictionnaire Le Robert).

facultés de l'être humain : conscience, langage, mémoire, émotions, intelligence, motricité, émotions, etc. Toutes nos fonctions vitales passent par cet organe complexe et indispensable : « *un centre de contrôle du corps humain qui reçoit et envoie des messages en permanence, assurant une communication ininterrompue entre le monde extérieur et soi* » (Dr Michel Gugenheim).

C'est l'organe le mieux protégé : par la boîte crânienne, par le liquide céphalo-rachidien dans lequel il baigne et qui réduit les effets des chocs et par les trois membranes qui l'enveloppent, les méninges.

Les trois aliments du cerveau : oxygène, glucose et plaisir

Quel que soit notre âge – de l'état embryonnaire à un âge avancé–, l'alimentation est fondamentale pour que nous soyons en bonne santé, de façon globale et, en particulier, pour la santé du cerveau. La science démontre que les aliments peuvent servir d'agents préventifs ou intervenir en complément de traitements de pathologies complexes comme la maladie d'Alzheimer, par exemple.

Pour bien fonctionner, le cerveau a besoin en particulier de trois aliments :

- **L'oxygène :** l'apport d'oxygène est vital et influe directement sur l'activité des cellules qui assurent le bon fonctionnement des neurones. L'expression apparue au XIVe siècle, « rendre son dernier souffle » pour dire « rendre l'âme », mourir, a exprimé bien avant qu'on ne le découvre le fait que sans oxygène, il n'y avait plus ni souffle, ni vie. Le cerveau consomme à lui seul au moins 20 % de tout l'oxygène du système respiratoire. Il est communément accepté qu'un cerveau non oxygéné pendant plus de trois minutes va connaître des lésions cérébrales irréversibles.

- **Le glucose :** quand les cellules du cerveau, les neurones, ont de la difficulté à obtenir ou à utiliser ce précieux carburant, elles fonctionnent moins bien, deviennent affamées et peuvent mourir. Ainsi, une baisse de glucose peut provoquer une perte d'attention ou de mémoire alors qu'un apport augmente la fonction cognitive.

Et comme le cerveau – contrairement au foie ou aux muscles – ne peut constituer de réserves, il doit être alimenté en glucose en continu.

Et le PLAISIR (sérotonine, dopamine et ocytocine) ! Quel qu'il soit : intellectuel, sexuel, spirituel, émotionnel, le plaisir éprouvé est déterminant pour la performance du cerveau.
Contrairement à la pile Wonder dont le slogan publicitaire affirmait qu'« elle ne s'use que si l'on s'en sert », le cerveau est le seul organe du corps qui ne s'use que si l'on ne s'en sert pas ! On n'a jamais vu quelqu'un mourir d'avoir trop réfléchi ! À ce jour, il n'y a aucun risque connu d'overdose ou de limite aux performances cérébrales. Parmi les personnes exerçant des activités aussi différentes que personnalités politiques, responsables d'associations sportives, culturelles, artistes, chercheurs, créateurs…, combien d'entre elles, à l'âge théorique de la retraite, sont encore en activité ? Personne ne les y oblige, elles sont là, avec le plaisir comme carburant et moteur essentiels. Il n'est guère question ici de « plaisir compulsif », de très courte durée et visant le plus souvent à abaisser le niveau d'anxiété, en vain d'ailleurs.

Cette notion de « plaisir et cerveau » est essentielle pour comprendre l'intérêt qu'il y a à connaître son empreinte cérébrale. En effet, comme nous le verrons plus tard, plus nous agissons en phase avec notre profil cérébral, plus nous sommes heureux et plus nous sommes à même de nous comprendre et de nous faire comprendre.

UN EXPERT EN COMMUNICATION

Le cerveau est composé d'environ cent milliards de cellules nerveuses, « les neurones », qui établissent des liaisons entre elles par des signaux électriques (les influx nerveux) et constituent ainsi un fantastique réseau câblé. Chaque neurone est constitué d'un minuscule corps cellulaire (50 microns, soit 50 millièmes de millimètre) qui peut avoir jusqu'à 50 000 petits prolongements (dendrites), et de l'axone, un long prolongement unique, en général situé à l'opposé des dendrites.

Les fibres nerveuses sont recouvertes d'une gaine isolante appelée myéline. Tout en protégeant les fibres nerveuses, la myéline augmente la vitesse de propagation de l'influx nerveux. Si l'on mettait bout à bout toutes ces fibres myélinisées, on obtiendrait un segment long de 150 000 à 180 000 kilomètres... soit environ quatre fois la circonférence de la Terre, une distance parcourue en 1 300 heures de route, soit 55 jours, à 130 km/h.

Grâce à ses milliards de cellules nerveuses, « les neurones », qui communiquent entre elles par des signaux électriques, le cerveau est déjà, à lui seul, une véritable autoroute de l'information.

Dans les fibres nerveuses les plus larges, l'information nerveuse circule jusqu'à 120 m/s, soit 430 km/h, une vitesse supérieure à la vitesse moyenne du TGV (320 km/h)... dans une boîte crânienne d'un périmètre rarement supérieur à 60 cm. C'est grâce au formidable réseau de neurones présent dans notre cerveau que nous sommes à même de ressentir des émotions, pouvons résoudre un problème et prendre plusieurs milliers de (micro) décisions par jour !

Neuro-mythes et avancées scientifiques

Comme beaucoup d'autres domaines de recherche, les neurosciences ne sont pas épargnées par le phénomène de mythes, souvent issus d'interprétations douteuses de résultats d'études, devenues croyances populaires. Ainsi, les mythes associés au cerveau sont nombreux. Qui n'a pas entendu dire que :

- Nous n'utiliserions que 10 % de notre cerveau ? Faux : toutes les régions du cerveau sont actives en permanence.
- Tout se jouerait avant l'âge de trois ans ? Faux ! Cette « théorie des trois ans » se fonde sur les capacités optimales de reconnaissance et de

traitement des sons par les très jeunes. Cela ne signifie pas que ce sera le cas pour les autres aspects du développement du langage. La grammaire, le lexique, etc. ne répondent pas forcément à la même logique. Bien au contraire, ils s'enrichissent avec le temps !

- Untel serait « cerveau gauche », son ami « cerveau droit » ? Cette idée n'a jamais été validée ni acceptée par la communauté neuroscientifique dont les études passées démontrent, au contraire, qu'il serait totalement inefficace qu'un hémisphère du cerveau soit plus actif qu'un autre.
- On pourrait apprendre en dormant ? Ou encore... un individu pourrait avoir physiquement « la bosse des maths »... telle une excroissance cérébrale qui pousserait sur l'os et déformerait le crâne, comme l'affirmait l'anatomiste et physiologiste allemand Franz Joseph Gall (1758-1828). Ce même chercheur se targuait d'ailleurs de pouvoir, par la simple palpation du crâne, distinguer le matheux du littéraire, le criminel de l'honnête homme !

C'est néanmoins grâce à ces recherches que la connaissance du cerveau a pu avancer. Si chacun sait, comprend, peut démontrer aujourd'hui qu'un cerveau endommagé peut entraîner des dysfonctionnements d'autres parties du corps, on a longtemps cru que l'activité mentale avait son siège au centre du corps humain : le cœur. Notamment, car de fortes émotions, du stress, de l'anxiété peuvent entraîner des palpitations cardiaques.

LES DÉCOUVERTES ESSENTIELLES EN NEUROSCIENCES

Les travaux décisifs sur le cerveau remontent à la fin des années 1950, c'est-à-dire hier...

Avec les avancées en physico-chimie, électromagnétisme, radiographie, psychologie, etc., la recherche ne se limite plus à de l'anatomie descriptive et ouvre définitivement la voie aux neurosciences, qui *« regroupent toutes les recherches scientifiques sur le système nerveux, c'est-à-dire le cerveau, la moelle épinière et les nerfs »*[3]. Le but des neurosciences est de comprendre les mécanismes biologiques des comportements, des plus simples aux plus élaborés.

À partir des années 1980, la spécialisation du cerveau et la distribution entre les hémisphères du traitement de certaines tâches sont massivement étudiées chez des sujets vivants et sains, grâce au développement des techniques

3 Définition donnée par l'Institut du Cerveau – https://institutducerveau-icm.org/fr/neurosciences/

d'imagerie cérébrale fonctionnelle qui permettent de DÉMONTRER les régions du cerveau spécifiquement actives pendant diverses tâches.

Ces nouvelles techniques ont aussi mis en évidence le fait que des tâches complexes (lecture, calcul, langage oral) sont assurées par une multiplicité de centres spécialisés, reliés entre eux et formant des réseaux à travers les deux hémisphères qui ont chacun leurs compétences. Et dont l'utilisation que nous en faisons a des conséquences énormes sur notre communication.

Une étape cruciale est franchie par deux chercheurs « ennemis » : Camillo Golgi (1843-1926), médecin italien, et Santiago Ramón y Cajal (1852-1934), médecin et neuroscientifique espagnol. Ils mettent en évidence des cellules du système nerveux (que l'on appellera les neurones) grâce à une nouvelle technique de coloration.

Cajal soutient que la pensée et le raisonnement peuvent émerger d'un tissu cérébral constitué d'entités cellulaires disjointes. Golgi s'oppose à cette théorie. L'avenir donnera raison au premier. Ils vont pourtant recevoir conjointement le prix Nobel de physiologie ou médecine de 1906, « *en reconnaissance de leurs travaux sur la structure du système nerveux* ».

Dans la continuité de ces recherches, Charles Scott Sherrington (1857-1952) décrit le fonctionnement des systèmes réflexes et Roger Wolcott Sperry (1913-1994) décrit le rôle singulier de chaque hémisphère cérébral. Cette dernière découverte révolutionne l'approche de l'étude du cerveau.

Son parcours illustre déjà la notion de préférences cérébrales qu'il va mettre au jour et qui nous intéresse ici au plus haut point. Car en lisant le récit de la vie de Roger W. Sperry, on remarque déjà que **la motivation tient avant tout au plaisir éprouvé et non à l'intelligence ou l'expertise.**

Roger Wolcott Sperry, neurobiologiste, neuropsychologue et neurophysiologiste américain, est connu pour ses travaux sur les connexions entre les hémisphères cérébraux (les quatre préférences cérébrales), qui lui ont valu un prix Albert-Lasker en 1979 et le prix Nobel de médecine en 1981 (avec Torsten Wiesel et David Hunter Hubel).

Son parcours illustre ce qu'il va découvrir et démontrer : le cerveau est performant uniquement par plaisir.

Sperry naît le 20 août 1913 à Hartford dans le Connecticut. Il y passe les premières années de sa vie dans une ferme. Son père, banquier, attache une grande importance à la lecture et à la réussite scolaire. Il lui donne ainsi à lire un ouvrage du père de la psychologie américaine, William James, grand psychologue et physiologiste. Ce livre impressionne le jeune Roger et joue certainement un rôle important dans sa rencontre avec la psychologie expérimentale.
Néanmoins, adolescent, c'est avant tout par le sport qu'il s'occupe le corps et l'esprit. À West Hartford où la famille déménage après la mort prématurée de son père (Roger n'a que onze ans), il établit un record national de lancer de javelot. Quand il postule à l'Oberlin College dans l'Ohio, son premier vœu est le sport, suivi, certes, par la recherche médicale. Ses aptitudes intellectuelles sont très vite remarquées, ce qui lui permet d'obtenir une bourse complète pour quatre années d'études.
Rien ne semble dire encore que le jeune Sperry se fera remarquer plus tard dans le domaine scientifique. Alors que son frère, dans le même collège, se consacre à des études de chimie, Sperry se découvre une autre passion : la poésie anglaise du XVIIe siècle. En 1935, il obtient l'équivalent du baccalauréat.
C'est pendant les deux premières années de ses études universitaires que va se dessiner sa future carrière professionnelle. Il assiste aux cours du psychologue américain Raymond Herbert Stetson qui reprend les idées du psychologue William James que lui avait fait découvrir son père. S'imposent alors à lui pour la première fois deux questions fondamentales : d'où viennent nos comportements ? Qu'est-ce que la conscience ? Des interrogations qui ne le quittent plus.
Sperry valide son master en psychologie et poursuit des études

en zoologie. Les techniques chirurgicales et expérimentales mises au point par Roger Sperry à la fin des années 1940 ont permis le développement de méthodes d'exploration beaucoup plus précises des fonctions mentales, s'appliquant à différentes régions du cerveau.

Dans un bloc opératoire au début des années 1960. Un chirurgien scie le crâne d'un homme puis se fraie un chemin dans son cerveau à l'aide de micro-instruments jusqu'au sillon situé entre les deux hémisphères. Son but : le faisceau de fibres nerveuses reliant les deux moitiés du cerveau, qu'il sectionne. Et quand le patient, épileptique, se réveille de cette intervention traumatisante, le neurobiologiste Roger Wolcott Sperry lui fait passer toute une série de tests.

On doit au professeur Sperry d'avoir mis en évidence le phénomène de l'asymétrie cérébrale : les deux hémisphères du cerveau remplissent des fonctions différentes. C'est grâce à l'étude des fameux « cerveaux fendus », dans lesquels le chirurgien a sectionné la partie réunissant les deux hémisphères, qu'il a pu en avoir confirmation.

Ses recherches sur les fonctions cérébrales lui valent en 1981 le prix Nobel de physiologie ou de médecine, aboutissement de sa carrière de chercheur riche en découvertes.

Roger Sperry meurt le 17 avril 1994 à Pasadena (Californie).

Et c'est ainsi que depuis le milieu du XXe siècle, les découvertes faites en neurosciences ont totalement transformé l'approche de la communication humaine.

Il est maintenant établi que les mécanismes du cerveau sont le siège de nos actes, de nos sentiments, de nos émotions, de notre pensée verbale et non verbale.

Méconnaître le rôle de notre cerveau revient à ouvrir un monde d'incompréhension de notre propre fonctionnement et, de fait, à compromettre notre relation à autrui.

L'apport déterminant de Roger W. Sperry : avec « les 4 préférences cérébrales »

Avant tout, cherchons à bien comprendre comment fonctionne notre cerveau, car nous allons découvrir que NOUS SOMMES NOTRE CERVEAU.

Le cerveau est le manager de notre corps et de nos pensées.

Allons à la rencontre de notre cerveau.

1 = 2
1 cerveau = 2 hémisphères

Le cerveau est constitué de deux parties, les hémisphères cérébraux – l'hémisphère gauche et l'hémisphère droit –, séparés et fonctionnant en coordination via un faisceau de fibres, le corps calleux.

1 CERVEAU = 2 HÉMISPHÈRES

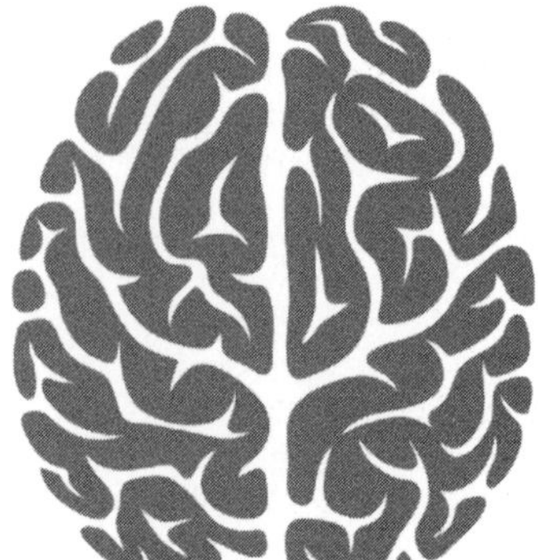

En apparence identiques, ils ont chacun des fonctions différentes, sont intimement complémentaires et fonctionnent toujours en binôme.

- L'hémisphère gauche du cerveau possède les capacités de parole, d'écriture. Il est le siège de la pensée analytique, logique, quantitative et séquentielle. C'est le cerveau rationnel qui contrôle et structure. C'est un cerveau extrêmement concret et pragmatique. Il scanne l'information, catégorise les indices et fait une chose à la fois.
- L'hémisphère droit du cerveau est le complémentaire opposé. Il contrôle l'ensemble des échanges non verbaux. Il est le centre de synthèse des informations qu'il associe, relie pour notamment donner naissance à de nouveaux concepts. Multitâche, il est le cerveau de la pensée symbolique, l'intuition, la créativité. Son approche relève du visuel, du spatial et de l'abstrait.

	HÉMISPHÈRE GAUCHE	**HÉMISPHÈRE DROIT**
PENSÉE	Analytique Linéaire Logique Rationnel Parcellaire Séquentiel Successif Convergent Déductif Objectif Réaliste	Synthétique Spatial Analogique Intuitif Global Simultané Multiple Divergent Inductif Subjectif Idéaliste
EXPRESSION	Verbal Explicite Actif Écrit	Non verbal, gestuel, visuel Tacite Réceptif Dessin
MÉMOIRE	Mots Nombres Parties Éléments	Images Modèles Tout Ensemble

1 = 3
1 cerveau = 3 zones

En réalisant une coupe longitudinale du cerveau de haut en bas ou de bas en haut, nous visualisons trois niveaux, les trois cerveaux distincts et superposés de l'homme correspondant chacun, selon le neuroscientifique américain Paul MacLean, à une étape de l'évolution de l'espèce.

LE CERVEAU TRIUNIQUE SELON PAUL D. MACLEAN

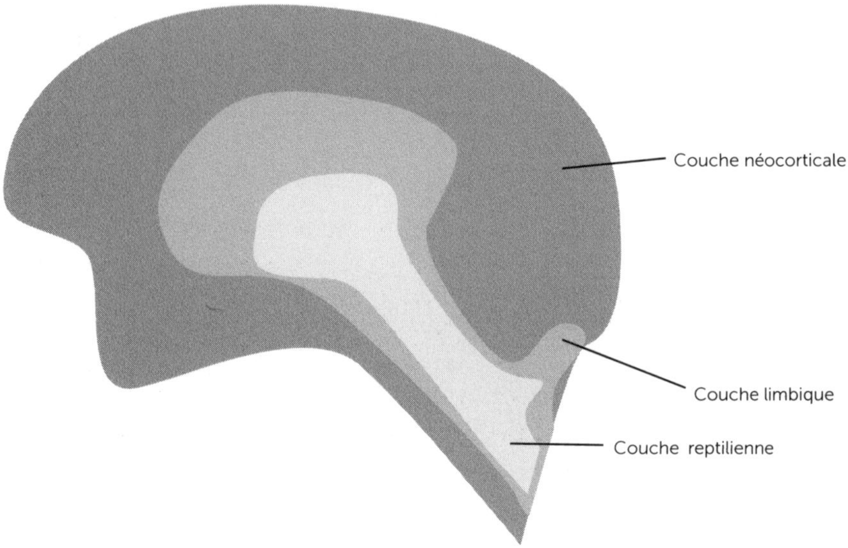

Ces trois niveaux superposés du cerveau, selon le modèle de MacLean, correspondent aux trois fonctions du temps :

- le présent avec l'instinct de survie au présent,
- le passé avec la mémoire qui intègre pour reproduire des comportements,
- et le futur avec l'intellect, la conscience corticale qui nous projette dans l'avenir.

La théorie des trois cerveaux indépendants de MacLean est aujourd'hui dénoncée par de nombreux scientifiques. Mais cette approche simplifiée du cerveau a eu comme grande vertu de populariser l'idée que le cerveau est le résultat d'étapes successives d'évolution et qu'il est composé de structures différentes présentes chez d'autres espèces. La neuro-anatomie a mis en évidence l'interaction permanente des aires cérébrales et, d'un point de vue anatomique, des études menées dans les années 1980 montrent que les reptiles possèdent une forme de système limbique et un néocortex (le « pallium ») comme tous les vertébrés.

Néanmoins, retenons bien ces mots :

- « cortical » pour la partie supérieure du cerveau, siège de la réflexion ;
- « limbique » pour la partie inférieure du cerveau, siège des émotions.

Même s'il est désormais acté qu'un individu peut vouloir satisfaire un besoin d'un niveau supérieur avant d'avoir comblé un besoin inférieur, le modèle de MacLean recoupe de façon intéressante la pyramide des besoins de Maslow (1943) :

- **les besoins physiologiques et besoins de sécurité** (cerveau reptilien),
- **les besoins d'appartenance et d'estime** (cerveau limbique),
- **le besoin de s'accomplir** (cerveau cortical).

C'est le cerveau « tri-unique » qu'il décrit dans les années 1950 de la façon suivante :

1 CERVEAU = 3 ZONES

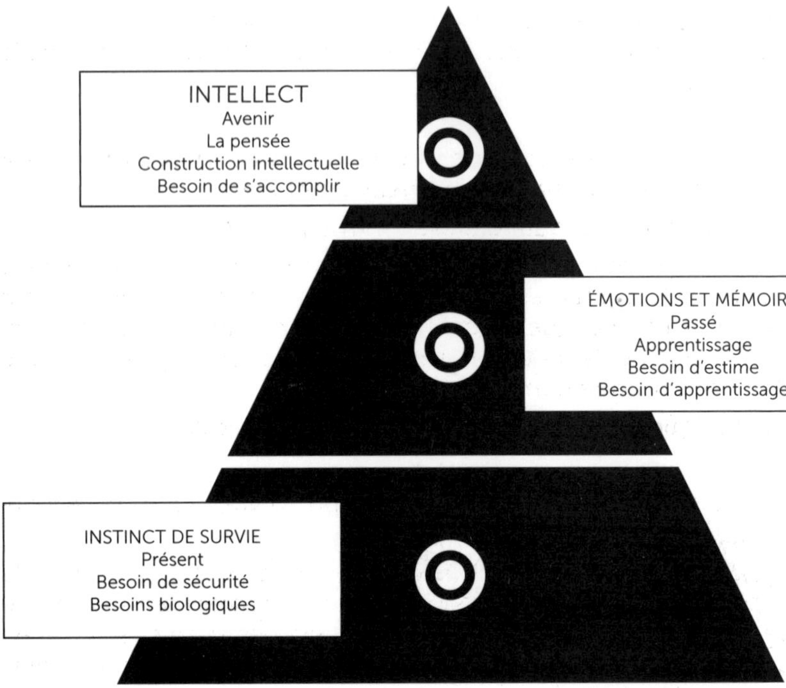

- À la base du cerveau, au plus profond du cerveau : **le cerveau reptilien**. Situé au niveau de notre nuque, en haut de notre colonne vertébrale, c'est le cerveau des animaux qui étaient là depuis la nuit des temps (les reptiles).

Il fonctionne au présent. Il gérerait nos comportements primaires, nos instincts fondamentaux comme manger, boire, se reproduire ou se mettre en colère : l'instinct de survie. Cette théorie insiste sur le caractère inné des comportements agressifs de notre espèce humaine. **C'est le cerveau de la vie et de la survie.**

- Le deuxième étage de l'évolution du cerveau, qui est un peu plus récent dans l'histoire de l'humanité : **le cerveau limbique**.

Il se sert du passé pour reproduire une action au présent.

Apparu avec les premiers mammifères, il est capable de mémoriser les comportements agréables ou désagréables. Par conséquent, il est responsable chez l'humain de ce que nous appelons les émotions. C'est le siège de nos jugements de valeur, souvent inconscients, qui exerce une grande influence sur notre comportement.

Le cerveau limbique est le cerveau du ressenti, de l'émotion.

- Enfin le troisième et dernier cerveau de l'humanité, le plus récent : le néocortex ou **cerveau cortical**.

Il est le siège des capacités neuronales qui permettent la pensée et la parole. Ce cerveau nous tourne vers l'avenir. Le néocortex est à la source des capacités des individus à faire face à des problèmes et à les résoudre en trouvant des solutions adaptées. Cette capacité implique des comportements comme la rationalité, la curiosité et la recherche. Ce cerveau se complaît d'ailleurs dans les situations difficiles et complexes. Il est aussi à la source de la créativité qui nous pousse à inventer dans tous les domaines.

Il prend du volume chez les primates et culmine chez l'humain avec ses deux gros hémisphères cérébraux qui prennent une importance démesurée. C'est grâce à eux que se développeront le langage, la pensée abstraite, l'imagination, la conscience, la stratégie. **Le néocortex est souple et a des capacités d'apprentissage quasi infinies.**

1 = 4
1 cerveau = 4 préférences cérébrales

Les 4 préférences cérébrales selon Roger Wolcott Sperry : nous y voilà !

Les principales découvertes sur les fonctions du cerveau qui ont amené la notion de « préférences cérébrales », nous les devons au professeur Roger Wolcott Sperry.

Si nous n'avions que ces deux hémisphères distincts pour cerveau, comme un ordinateur code 0 et code 1, la vie serait peut-être plus simple ; mais le cerveau de l'être humain actuel est le résultat d'une évolution de plusieurs millions d'années, et bien plus énigmatique.

En combinant ces deux approches, à savoir l'approche latérale – hémisphère gauche/hémisphère droit – et l'approche verticale – cortical/limbique –, nous nous trouvons face à un modèle à quatre dimensions. Pourquoi seulement quatre dimensions et non pas cinq ?

Tout simplement parce que le cerveau primitif, le cerveau reptilien, n'a ni côté gauche ni côté droit. Il est comme un bloc moteur qui alimente le cerveau limbique puis cortical.

Comme le corps calleux – faisceau de fibres nerveuses réunissant les deux hémisphères du cerveau – crée une « séparation » entre le côté gauche et le côté droit, qui ont chacun deux zones (de bas en haut : le limbique et le cortical), on se trouve dans un modèle de représentation du cerveau avec quatre dimensions, d'où la formule « 1 égale 4 » :

1 CERVEAU = 4 PRÉFÉRENCES

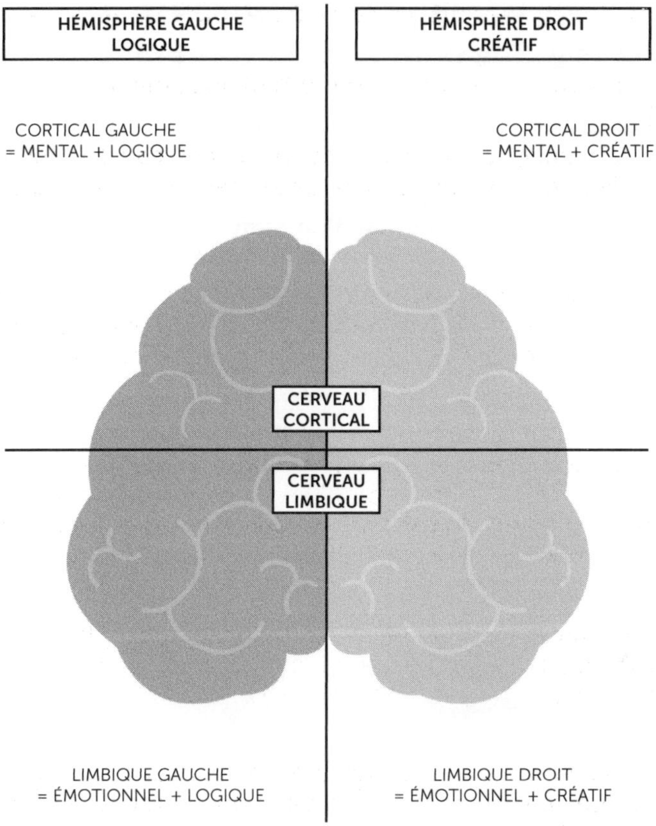

> Ces quatre façons de penser sont la véritable matrice du cerveau humain.

Il est intéressant de noter que des expressions populaires reprennent le chiffre 4 comme chiffre référent, sans que cela semble rationnellement expliqué : « je vais lui dire ses quatre vérités », « faire ses quatre volontés », « se saigner aux quatre veines », « ne pas y aller par quatre chemins », reprennent également la matrice implicite du cerveau.

L'expérience GPS-Relationnel® : le test pour se comprendre et le guide pour se faire comprendre

Le GPS-Relationnel®, directement inspiré des découvertes de Roger W. Sperry, a nécessité plusieurs années de recherche et développement. Il en ressort un test dont l'efficacité tient en sa simplicité et sa rapidité à cartographier l'empreinte cérébrale d'un individu et par conséquent son fonctionnement, sa façon de communiquer, que cela soit dans sa façon de dire ou d'interpréter.

Les résultats du test GPS-Relationnel®, c'est savoir :

- **Dans un premier temps,** laquelle des quatre questions fondamentales nous nous posons en priorité, à chaque fois que nous recevons une information :

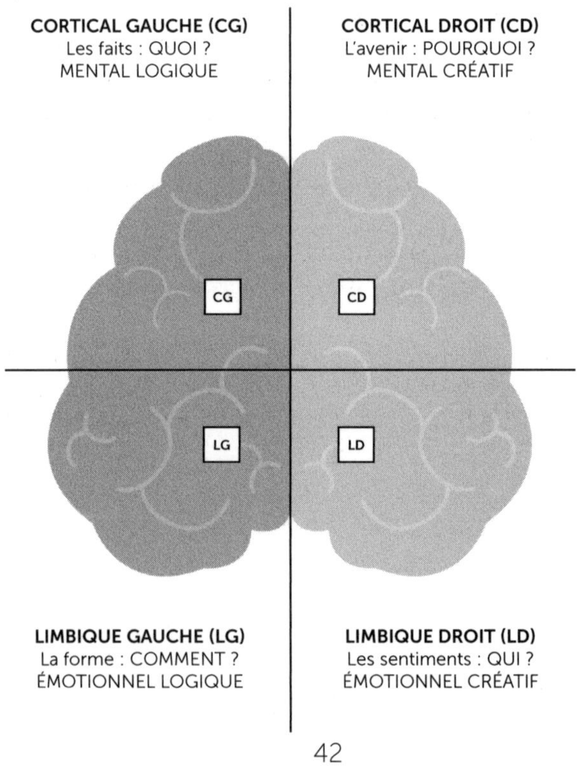

Une préférence cérébrale, c'est comme une « porte d'entrée » : en recevant un message, une information, votre cerveau va l'aborder par un prisme :

- **CG** : fonctions d'analyse rationnelle, chiffres, logique = DÉMONTRER
- **CD** : fonctions de globalité synthétique, vision, risque, créativité = VISUALISER
- **LG** : fonctions d'organisation, planification, contrôle, méthodes = CONCRÉTISER
- **LD** : fonctions relationnelles, sentiments, besoin de reconnaissance = ÉCHANGER

Un exemple rapide ? Votre conjoint vous informe qu'il a réservé une semaine de vacances.

Si vous êtes, avant tout :

- « CG/Les faits », vous allez tout d'abord lui demander des précisions sur la réalité, la matérialité des faits, du projet (Démontrer)
- « CD/L'avenir », vous allez vous projeter avec lui sur le lieu même de la destination, envisager des activités (Visualiser)
- « LG/La forme », vous allez vous enquérir de l'organisation, des dates, des étapes, des lieux (Concrétiser)
- « LD/Les sentiments », vous allez vous intéresser aux personnes, aux rencontres, au ressenti (Échanger)

Ces questions fondamentales que nous nous posons face à une information, à un événement peuvent tout aussi bien se traduire pour chaque préférence, chaque préférence cérébrale, par des ATTITUDES DE RÉFÉRENCE et des « savoirs » :

CORTICAL GAUCHE (CG)
DÉMONTRER
RATIONNEL
Savoir-acquérir

CORTICAL DROIT (CD)
VISUALISER
STRATÈGE
Savoir-devenir

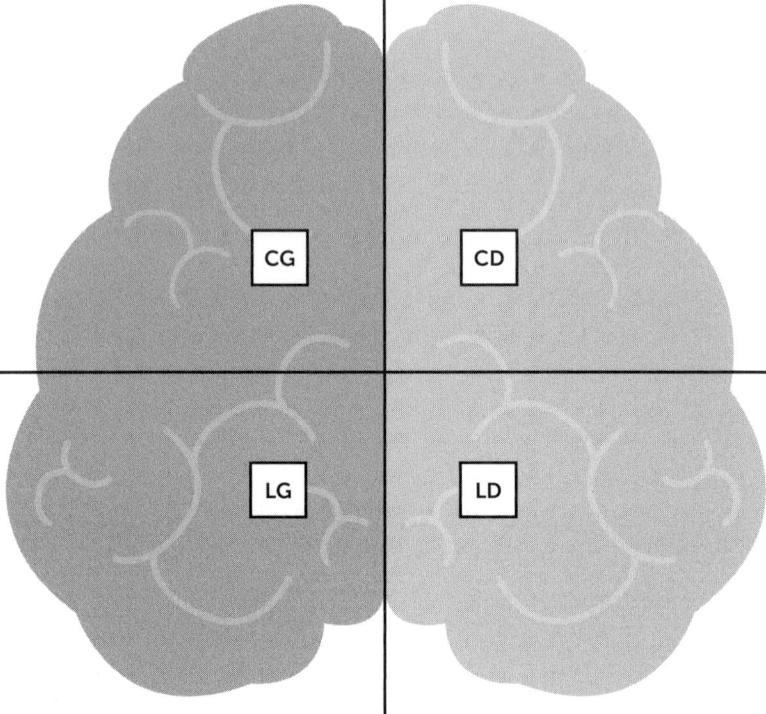

LIMBIQUE GAUCHE (LG)
CONCRÉTISER
ORGANISATEUR
Savoir-faire

LIMBIQUE DROIT (LD)
ÉCHANGER
COMMUNICANT
Faire-savoir

SOI-MÊME/SON PROFIL

- **Dans un deuxième temps**, la proportion dans laquelle votre cerveau met en œuvre ces « préférences » : y en a-t-il une ou plusieurs qui dominent ? Lorsqu'un individu émet ou reçoit une information, l'aborde-t-il d'abord par la logique, la création, la réflexion, l'émotion ou un mix de plusieurs ?

- **Dans un troisième temps**, s'il est facile pour la personne de passer d'une approche à l'autre (logique à créative, créative à logique, émotionnelle à logique et inversement, etc.) ou si cela lui demande un effort coûteux en énergie.

SOI et les AUTRES

- **Et enfin**, comment s'adresser à chacun pour être sûr d'être compris, quel que soit le profil cérébral de ses interlocuteurs. On n'attire pas les mouches avec du vinaigre !

L'efficacité du test GPS-Relationnel® – qui fait dire aux personnes qui ont pu le faire jusqu'à maintenant que les résultats sont « surprenants, bluffants, incroyables de vérité » –, c'est sa faculté à déterminer quasi instantanément la proportion inscrite en nous des quatre « préférences cérébrales ».
Nous sommes tous le résultat d'un cocktail original. Nous naissons avec une combinaison unique de ces préférences **(Cortical Gauche/DÉMONTRER - Cortical Droit/VISUALISER - Limbique Gauche/CONCRÉTISER - Limbique Droit/ÉCHANGER)**, seuls un accident ou une tumeur nous priveraient d'une partie de ces fonctions.
L'ordre et la proportion d'utilisation de chacune de ces préférences font notre propre identité, reflètent notre personnalité et notre façon d'interagir. Chacun de nous est singulier. Comme notre empreinte digitale, la cartographie de notre cerveau reflète une identité cérébrale, telle une carte

simplifiée des modes de pensée, de communication, d'action. **Nous sommes la synthèse des quatre, avec des dominantes plus ou moins marquées.** En fonction de ses préférences cérébrales, chaque individu traite les informations qui arrivent à son cerveau de façon différente. Notre profil de préférences cérébrales met en relief les activités qui nous conviennent le mieux et celles que nous aurons tendance à moins privilégier, par manque de plaisir.
Plus de l'un, moins de l'autre, cela explique le mode de fonctionnement de chacun.

Il n'y a donc aucun jugement de valeur porté sur nos préférences cérébrales. **Il n'y a pas non plus de bons ou de mauvais profils** a priori, chaque combinaison de préférences peut comporter des avantages et des inconvénients, selon les circonstances.

C'est donc aussi admettre qu'il n'y a pas une vérité dans un message émis ou reçu, mais bien différentes façons de le partager ou de le recevoir.

Ces préférences cérébrales jouent un rôle déterminant dans notre vie personnelle, amicale, sentimentale, professionnelle. Et quand nos choix, nos décisions sont en adéquation avec nos préférences, alors cette cohérence rend tout simplement beaucoup plus heureux.

NB : le GPS-Relationnel, s'il aide à donner des tendances sur les plus jeunes, les confirme sur des personnes adultes. En effet, comme l'indique le docteur en neurosciences Joël Monzée, psychothérapeute et psychomotricien : « Il y a une séquence dans la maturation du cerveau. Durant la petite enfance, c'est le cerveau émotionnel qui prédomine. Durant l'enfance, c'est l'hémisphère droit, la partie du cerveau qui organise les affects. Durant l'adolescence, c'est l'hémisphère gauche qui prend sa place et offre les ressources nécessaires à l'analyse et à la logique. Et puis, il faudra encore vingt-cinq ans pour que le préfrontal puisse vraiment créer assez de connections entre les aires des deux hémisphères pour que le tout soit optimisé.

On sait également que – et Boris Cyrulnik en parle beaucoup – le cerveau crée quelque trois cents millions de synapses par jour durant la petite enfance et l'adolescence si, et seulement si, le jeune se sent en sécurité. Cette sécurité se base sur la qualité du lien entre lui et un adulte – souvent le parent, mais aussi la puéricultrice ou l'enseignant – voire un groupe d'amis durant l'adolescence. Dès qu'il se sent insécurisé, les mécanismes de défense lui permettent de réagir, mais bloquent aussi le processus de maturation cérébrale. »

Nous arrivons à un stade où nous avons envie de découvrir tout ce que va apporter le GPS-Relationnel® !

Vous pouvez aller directement directement au chapitre « Applications dans la vie quotidienne ».

Néanmoins, même si vous pourrez y revenir plus tard, je vous invite à lire les deux paragraphes suivants :

- *L'intuition : notre GPS Privé*
- *Homme - Femme : le même cerveau ?*

Ils vous éclaireront encore plus sur ce formidable cerveau et la compréhension de nous-mêmes.

L'INTUITION : NOTRE GPS PRIVÉ

Pourquoi parler d'intuition ici ? D'autant que souvent, l'intuition fait débat. On parle de sixième sens, d'intuition féminine. Qu'en est-il ?

Le mot intuition vient du mot latin *intuitio* signifiant « acte de voir d'un seul coup d'œil », dérivé de *intueri :* « regarder attentivement, avoir la pensée fixée sur ». Une forme d'évidence immédiate.

Amisha Ghadiali, thérapeute intuitive, professeure de yoga et de méditation qui anime le podcast *The future is beautiful* et auteure du livre *L'intuition* (éditions Prisma), la définit de la façon suivante : « L'intuition est l'aptitude à savoir une chose d'instinct sans avoir à la découvrir ou donner une explication, une connaissance profonde, une intime conviction. Vous ne pouvez pas l'expliquer, vous n'avez pas de statistiques ou études pour étayer votre point de vue, mais vous savez. »

Définition du Petit Larousse : « Perception immédiate de la vérité sans l'aide du raisonnement ».

L'intuition, c'est donc « notre expertise + notre inconscient » : la réponse la plus juste et la plus adéquate par rapport à une situation ou une question.

Le cerveau pratique en quelques secondes un « balayage superficiel ». « C'est une sorte de "scan" de la situation qui permet de synthétiser des informations à partir de bribes d'informations sensorielles », définit Christophe Haag, chercheur en psychologie sociale. « Derrière, elle propose un choix. »

C'est exactement ce que nous faisons lorsque nous rencontrons une personne pour la première fois, en collectant un maximum d'indices en un minimum de temps, pour nous faire une première opinion.

« L'intuition a donc deux moteurs », analyse Christophe Haag. « Le premier, lié à l'expertise, se met en route lorsqu'on se retrouve dans une situation archiconnue, où l'on a cent fois sur le métier remis son ouvrage. Quand l'expertise est en panne, que l'on se retrouve dans une situation inédite, le second moteur lié à la mémoire (souvent émotionnelle) se met en marche. Il fouille alors à toute vitesse dans le catalogue des souvenirs personnels à la recherche d'un événement "proxi", c'est-à-dire assez proche en termes de contexte de la situation que vous vivez présentement. »

On trouve par **intuition** avec le **cerveau** droit et on prouve rationnellement avec le **cerveau** gauche. « C'est par la logique que nous prouvons et c'est par l'intuition que nous découvrons » (Henri Poincaré, mathématicien et physicien français – 1854-1912).

Une autre façon d'interpréter la citation de Blaise Pascal : « Le cœur (hémisphère droit) a ses raisons, que la raison (hémisphère gauche) ne connaît point ».

Il en fut certainement ainsi pour le physicien Isaac Newton qui, assis sous un pommier, s'interrogea après qu'une pomme fut tombée au sol au lieu – pourquoi pas – de s'élever dans les airs.

Pour ma part, si j'avais été assise sous ce même arbre, j'aurais sans doute eu une petite bosse, un bleu et l'histoire se serait arrêtée là. Isaac Newton, grand mathématicien et physicien, comprit qu'une force avait attiré la pomme vers le sol, avant de démontrer plus tard la loi de la gravitation.

Idem pour Archimède découvrant, en regardant déborder l'eau de sa baignoire, comment mesurer avec précision le volume d'un objet irrégulier, ou encore Fleming découvrant le monde des antibiotiques en voyant une culture microbienne irrégulière parce que... contaminée...

L'intuition est aussi régulièrement pointée du doigt, notamment quand elle émane de chercheurs convaincus de faire de grandes découvertes mais incapables alors de prouver, démontrer ce qu'ils affirment.

Ainsi, Émile Boutroux (1845-1921), professeur de philosophie à l'École normale supérieure et académicien, parlait de Jules-Henri Poincaré (1854-1912), plus grand homme de science de la fin du XIXe et du début du XXe siècle : « Jules-Henri Poincaré était un visionnaire à l'intuition grandiose. Il avait une - vision d'aigle -, mais il était trop haut et trop loin pour être compris par ses contemporains qui avaient une - vision de fourmi ».

Ces intuitifs sont pourtant ceux qu'aujourd'hui nous appelons plus communément les visionnaires, comme de grands chefs d'entreprise dont les idées innovantes et convictions portent à sourire, lors de leurs débuts, et qui ne trouvent aucun financement, faute de pouvoir prouver rationnellement le bien-fondé de leur démarche.

C'est cette même intuition qui guide les créateurs, stimule les musiciens, suggère aux artistes peintres l'endroit où ils doivent poser leur pinceau, et inspire aux écrivains ce qu'ils doivent écrire. Des musiciens disent entendre leur voix intérieure leur chanter des airs avec paroles et accords.

Qu'en est-il des métiers d'urgence, pompiers, médecins urgentistes, chirurgiens de guerre ? « Simple » expertise ou expertise doublée d'intuition ?

Dans ces cas, que se passe-t-il selon un profil plus hémisphère gauche ou plus hémisphère droit ?

- Les personnes majeures en hémisphère droit (créatif) suivent leur intuition, mais n'ont pas forcément le raisonnement de l'hémisphère gauche (logique) pour convaincre.

- Les personnes majeures en hémisphère gauche (logique) n'osent pas utiliser aussi facilement leur intuition créative, car elles veulent d'abord des preuves et n'utilisent que leur intuition déductive. Au contraire, elles devraient oser suivre leur intuition, car elles pourront facilement développer ensuite le raisonnement qui va convaincre.

L'idéal est de parvenir à faire fonctionner en harmonie et complémentarité l'hémisphère gauche et l'hémisphère droit, pour développer la performance et l'épanouissement dans les différents domaines de la vie. Pour entendre les conseils de l'intuition et les utiliser, il faut se connaître vraiment et avoir une solide estime de soi.

L'intuition fait donc appel au « cerveau droit qui trouve et au cerveau gauche qui prouve » (Albert Einstein). Rien de magique, mais des mécanismes neuronaux permettant d'analyser une situation à très grande vitesse, ce qui mène à la décision. Une décision basée sur l'expérience, l'expertise, un mécanisme agissant comme un court-circuit dans le cerveau... sans élévation dangereuse de la température des conducteurs. Comme disait le dramaturge Henry Bernstein, « l'intuition est l'intelligence qui a commis un excès de vitesse ».

Et l'intuition féminine : réalité ou excès de langage ?

HOMME/FEMME : LE MÊME CERVEAU ?

C'est un fait rapporté par plusieurs études, qui constitue une différence essentielle entre le cerveau d'un homme et celui d'une femme : il existe une plus forte connectivité intrahémisphérique chez l'homme et une plus forte connectivité interhémisphérique chez la femme.

Le corps calleux (qui assure la connexion entre les hémisphères droit et gauche du cerveau) d'une femme est fait de 200 millions de fibres contre 160 millions chez un homme, soit 20 % de plus. Davantage de connexions entre cerveau droit et cerveau gauche, cela signifie plus de souplesse, d'adaptabilité et d'aptitude au langage. À l'âge de neuf ans, les filles ont dix-huit mois d'avance verbale sur les garçons. La capacité verbale de la femme est plus forte. Ce qui pourra faire dire à certains que si les femmes ont souvent le dernier mot, c'est grâce à leur cerveau ! De même, les hommes sont souvent rapidement à court d'arguments ou vont par exemple, pour aller au plus vite, s'opposer à une idée nouvelle quand une femme va la tester et le cas échéant l'adopter. Ce qui, là encore, ne signifie pas qu'il n'y a pas de femmes têtues ni d'hommes flexibles... ou que tous les hommes sont monotâches et toutes les femmes multitâches.

Dès lors, nous comprenons que le concept d'intuition féminine ne serait pas abusif : les connexions entre hémisphère gauche et hémisphère droit étant plus nombreuses, la capacité d'une femme à percevoir les signaux de communication non verbale, à capter et analyser nombre de détails lui confèrent une capacité d'anticipation supérieure, une plus grande intuition.

Au niveau de l'émotivité, on constate que l'homme possède une émotivité plus forte, mais elle est retenue, tandis que chez la femme l'émotivité est exprimée. L'homme est dans l'intériorisation et la femme dans l'extériorisation, dans la communication. Il est d'ailleurs troublant de noter que l'autisme, dont une des caractéristiques majeures est un trouble de la communication et des interactions sociales, touche quatre hommes pour une femme.

Cette différence se retrouve également dans la façon de gérer des situations : l'homme agit tout de suite, il est immédiatement dans la mise en œuvre de solutions, quitte à partir à l'aventure et s'exposer à des risques. La femme a besoin de parler, d'être entendue, de sécuriser la situation, avec un but ultime de survie et de conservation de l'espèce.

Chez l'homme et la femme, les qualités sensorielles sont les mêmes, mais à cause des différences hormonales, cela induit des comportements différents.

On peut dire de façon générale que le cerveau reptilien archaïque gère l'odeur, le goût et le toucher, le cerveau limbique l'audition (la voix et ses composantes : débit, volume, timbre, accentuation et articulation) et le cerveau cortical, la vision qui est l'acte le plus élaboré du cerveau : 83 % du travail du cerveau sont consacrés à la vision (11 % à l'audition et 6 % aux sens primitifs).

Depuis des siècles, on constate que l'homme est plus facilement séduit ou attiré par la vision et la femme par ce qu'elle entend, d'où la célèbre boutade de Sacha Guitry « les femmes sont comme les lapins, elles s'attrapent par les oreilles ! »

Chez l'homme, l'excitation sensorielle passe par la vision.

Il voit de loin, il a une belle orientation dans l'espace (la chasse). Il est d'ailleurs plus efficace dans les épreuves de reconstruction mentale de figures en trois dimensions, et tous les jours... pour s'orienter. Sa vue est développée et érotisée. Les phéromones sont pour lui inodores et inconscientes. L'homme préfère le contact éloigné et **il a besoin de la sexualité pour atteindre l'intimité.**

Chez la femme, l'excitation sensorielle passe par l'ouïe, la parole, la romance. Ses capacités à reconnaître les odeurs et les couleurs, pour protéger son habitat, sont prioritaires. Son olfaction est généralement plus développée. Son ouïe est développée et érotisée, il lui faut d'abord **l'intimité avant la sexualité.**

NB : vous êtes pressé de découvrir votre empreinte cérébrale, scannez le QR Code présent dans les toutes premières pages du livre ou rendez-vous sur https://gpsrelationnel.com.
Lecteur de cet ouvrage, vous bénéficiez d'un tarif très préférentiel en entrant le code « livre2 ». Le test prend au plus cinq minutes et vous recevrez, par mail en PDF, l'analyse détaillée de votre profil de préférences cérébrales avec des conseils et bonus.

Vous souhaitez d'abord approfondir votre connaissance des différents profils, poursuivez votre lecture… et faites le test plus tard !

SE COMPRENDRE AVEC LE GPS-RELATIONNEL®

Se comprendre soi-même : dessiner son empreinte cérébrale originelle

Notre cerveau fait donc ce qui lui plaît ! Mais avec plus ou moins d'angles morts.

Pour bien communiquer, il faut donc tout d'abord bien se connaître. Bien se connaître, c'est avant tout savoir comment fonctionne son cerveau.

L'expérience GPS-Relationnel® est le résultat de plusieurs années de collaboration, tests et mise au point avec des experts en neurosciences qui ont travaillé et fait le lien entre leurs connaissances de la communication interpersonnelle et les découvertes de Roger W. Sperry. Presque deux ans pour aboutir à un test en ligne d'une incroyable simplicité et efficacité.

L'expérience GPS-Relationnel® cartographie de façon très simple et très rapide l'empreinte cérébrale. Miroir de notre personnalité, notre empreinte cérébrale est présente en amont de l'influence que peuvent avoir notre environnement, l'éducation que nous recevons, notre religion, notre culture, l'expertise que nous pourrons acquérir dans tel ou tel domaine.

En effet, à la naissance, vous êtes fait d'eau, de sang, d'os et de chair, et votre empreinte digitale permet d'identifier votre corps. Il est à vous, et unique. Même les jumeaux n'ont pas la même empreinte digitale.

En ce qui concerne votre cerveau, ce sont l'ordre et la proportion d'utilisation de vos quatre préférences cérébrales qui caractérisent votre empreinte cérébrale. Celle-ci identifie et mesure la façon dont vous êtes construit, la façon dont vous allez regarder, parler et écouter. Ces préférences qui ne font pas la compétence dans un domaine, mais qui vont constituer un terrain fertile au développement d'aptitudes. En effet, notre fonctionnement et notre façon d'interagir n'ont rien à voir avec l'intelligence ou encore l'expertise. Nous connaissons tous des gens très intelligents, des intellectuels respectés bardés de diplômes prestigieux mais par ailleurs inaptes, en public ou en privé, à la vie en société, ou rétifs à toute créativité.

Nos quatre préférences cérébrales

- Elles induisent nos centres d'intérêt, parfois des passions, notre perception des réalités, une façon d'apprendre, de percevoir et de communiquer.
- Elles influencent notre compréhension des autres, des problématiques, des situations, notre façon d'interagir avec le monde, nos comportements individuels et collectifs.

Une fois votre propre fonctionnement et votre identité cérébrale déterminés, cet outil vous apprend :

- à donner simultanément les arguments pouvant découler des 4 préférences cérébrales pour être compris de vos interlocuteurs ;
- à comprendre l'autre à travers l'écoute et à accepter les différences de chacun, de façon à vous en servir comme d'atouts ;
- à découvrir combien ces différences vous enrichissent en vous apportant une complémentarité.

À ce stade, deux solutions pour découvrir votre profil ou celui de proches :

1) FAIRE LE TEST EN LIGNE

- Si vous ne l'avez pas déjà fait, scannez le QR Code présent dans les toutes premières pages du livre ou rendez-vous sur https://gpsrelationnel.com

2) FAIRE LE TEST D'APRÈS LE LIVRE

- Suivre les quatre étapes ci-après pour obtenir votre empreinte cérébrale dans les grandes lignes, votre mode de fonctionnement, à savoir :
    1. **Hémisphère gauche ou droit** ? Logique ou créatif.
    2. Quelle **préférence majeure** ? Analyse ou Vision ou Contrôle ou Relation.
    3. Quel **ordre d'utilisation** des 4 préférences ?
    4. Quelle **« proportion d'écart »** entre les 4 préférences ?

FAITES VOTRE PROFIL !

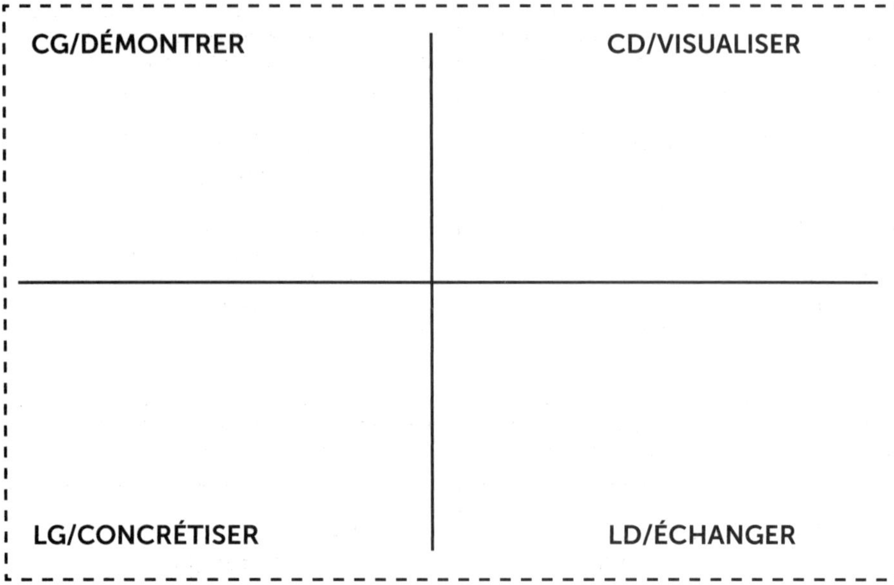

ÊTES-VOUS HÉMISPHÈRE GAUCHE OU HÉMISPHÈRE DROIT ?

A priori vous le sentez déjà intuitivement et vous pouvez choisir : vous êtes plutôt cerveau droit (créatif, vision, risque, communication) ou cerveau gauche (logique, organisé, aimant les chiffres et expert).

>> Si ce n'est pas le cas, et en vous aidant du schéma ci-après, répondez à la question :

« Quelle est votre réaction face à une nouvelle idée ? »

Sur ce schéma, les quatre types de réactions possibles face à une nouvelle idée (exemple : un téléphone avec de nouvelles fonctionnalités).

- Déterminez tout d'abord la préférence qui vous ressemble le plus, c'est-à-dire la réaction que vous aurez spontanément, en premier, face à cette nouvelle idée.

HÉMISPHÈRE GAUCHE	HÉMISPHÈRE DROIT
Logique, lucide, analytique, mathématique, rationnel, quantitatif, concret, technique	Créatif, conceptuel, visionnaire, impulsif, innovant, simultané, synthétique, drôle
Le CORTICAL GAUCHE (DÉMONTRER) • Ça paraît bon • Les faits semblent se vérifier • Tout concorde • C'est une affaire viable • J'attends des résultats concrets • Allons à l'essentiel	Le CORTICAL DROIT (VISUALISER) • Quelle idée extraordinaire • Je vois ce que cela donnera dans 10 ans • L'idée serait de... • À long terme, cela permettra de... • Dans l'hypothèse où... • Osons
Conservateur, organisateur, planificateur, administrateur, minutieux, linéaire	Sentimental, spirituel, idéaliste, symbolique, chaleureux, loquace, expressif
Le LIMBIQUE GAUCHE (CONCRÉTISER) • Possible, mais je vois des risques • Attendons d'avoir toutes les réponses • Concrètement, comment va-t-on faire ? • Nous n'avons pas le droit de... • Oui, mais... n'allons pas trop vite	Le LIMBIQUE DROIT (ÉCHANGER) • Je sens que c'est une bonne solution • Cela me plaît beaucoup • Serrons-nous les coudes • Ne nous fâchons pas • J'ai confiance en toi

Instinctivement ressort la phrase que vous auriez dite.

Entourez alors sur le schéma l'hémisphère gauche ou droit, ou cochez :

- Je suis plutôt « hémisphère gauche » ☐
- Je suis plutôt « hémisphère droit » ☐

Cela nous indique l'hémisphère (plutôt logique ou créatif) qui nous donne le plus de plaisir.

QUELLE PRÉFÉRENCE MAJEURE ?

En indiquant votre réaction à une nouvelle idée, vous avez également donné votre préférence cérébrale majeure et donc précisé celle que vous utilisez le plus souvent, celle dans laquelle vous êtes le plus à l'aise et heureux, celle par laquelle vous comprenez en premier l'information.

Ainsi, vous êtes prioritairement :
(cocher la case qui vous correspond)

- Cortical Gauche (CG) : ☐
  La logique avant tout
- Limbique Gauche (LG) : ☐
  La méthode avant tout
- Cortical Droit (CD) : ☐
  Les idées avant tout
- Limbique Droit (LD) : ☐
  La relation avant tout

CORTICAL GAUCHE = **QUOI ?**	CORTICAL DROIT = **POURQUOI ?**
DÉMONTRER	VISUALISER
ANALYSE LOGIQUE CHIFFRES	VISION RISQUE CRÉATIVITÉ
	INTUITION
LIMBIQUE GAUCHE = **COMMENT ?**	LIMBIQUE DROIT = **QUI ?**
CONCRÉTISER	ÉCHANGER
ORGANISATION CONTRÔLE MÉTHODE	RECONNAISSANCE CONFIANCE COMMUNICATION

QUEL ORDRE D'UTILISATION DES 4 PRÉFÉRENCES ?

C'est ce qui indique notre perception d'une information. La première préférence déterminée – votre préférence majeure –, reprenez le schéma des réactions à une nouvelle idée et indiquez ensuite quelle serait en seconde position votre réaction, puis la troisième et enfin la préférence qui vous ressemble le moins. Notez dans chaque case les chiffres 1 ou 2 ou 3 ou 4, sachant que certaines préférences peuvent être à égalité.

☐	☐	☐	☐
Cortical Gauche	Cortical Droit	Limbique Gauche	Limbique Droit
DÉMONTRER	VISUALISER	CONCRÉTISER	ÉCHANGER

Exemple :

a. Votre première pensée se trouve dans la préférence « CD/VISUALISER »
Ex. Vous trouvez les nouvelles fonctionnalités extraordinaires, vous imaginez déjà ce que vous allez en faire > mettez 1 dans la case Cortical Droit/VISUALISER

b. Votre seconde pensée se trouve dans la préférence « LD/ÉCHANGER »
Ex. Cela vous plaît beaucoup, vous sentez que c'est une bonne solution et vous avez confiance en la personne qui vous le dit > mettez 2 dans la case Limbique Droit/ÉCHANGER

c. Votre troisième pensée se trouve dans la préférence « LG/CONCRÉTISER »
Ex. Attendons d'avoir des réponses > mettez 3 dans la case Limbique Gauche/CONCRÉTISER

d. Votre quatrième pensée se trouve dans la préférence « CG/DÉMONTRER »
Ex. Les faits semblent se vérifier > mettez 4 dans la case Cortical Gauche/DÉMONTRER

4	**1**	**3**	**2**
Cortical Gauche	Cortical Droit	Limbique Gauche	Limbique Droit
DÉMONTRER	VISUALISER	CONCRÉTISER	ÉCHANGER

Vous pouvez avoir deux, trois ou plus rarement les quatre réactions au même niveau. Cela signifie que vous êtes double, triple ou quadridominant. Mémorisez bien votre profil, vous en avez l'explication au paragraphe « Les différents profils ».

QUELLE « PROPORTION D'ÉCART » ENTRE LES 4 PRÉFÉRENCES ?

La proportion est la dernière information donnée par le GPS-Relationnel®. La proportion de chaque préférence indique votre UNICITÉ et l'énergie dépensée en fatigue ou en ennui :

- en fatigue, car vous ne parvenez pas à le faire,
- ou en ennui, car vous le faites facilement, mais cela ne vous intéresse pas.

Difficile d'évaluer cela avec cette version simplifiée du GPS-Relationnel®. En revanche, le test en ligne vous en donnera toutes les clés de lecture.

- **Entre 0 et 30 % d'écart** entre 2 préférences, cela ne vous fatigue ni ne vous ennuie.
- **Avec 40 % d'écart** entre 2 préférences, la personne commence à fatiguer ou à s'ennuyer pour passer d'une préférence à l'autre.
- **Avec 50 % d'écart** entre 2 préférences, cela vous prend la moitié de votre énergie et le plaisir s'en ressent.
- **Avec 60 % d'écart** entre 2 préférences, la personne fournit un gros effort et y consacre beaucoup d'énergie.
- **Avec 70 % d'écart** entre 2 préférences, c'est un vrai pensum, à la limite du refus.
- **De 80 % à 100 % d'écart** entre 2 préférences, la personne n'a pas envie de le faire (même si elle peut le faire facilement) et peut même abandonner (si elle a du mal à le faire). De toute façon, cela lui est préjudiciable mais elle l'assume.
  - Plus vous vous sentez « heureux et à l'aise » dans une préférence, plus vous pourrez l'exercer.
  - Plus vous vous sentez fatigué ou ennuyé dans une préférence, plus il vous sera difficile de l'exercer, même si vous y avez une facilité intellectuelle.

> Les quatre préférences s'appuient sur le plaisir et non sur l'intelligence ou l'expertise.

Si vous vous sentez autant attiré par les quatre différentes préférences, vous n'aurez aucun effort à faire pour passer de l'une à l'autre, que ce soit du mental à l'émotionnel ou du créatif au logique.

En conclusion, par ce qui a été dit ci-dessus, nous comprenons la complexité de l'interprétation de l'information reçue. Elle est synthétisée par le cerveau en UNE SEULE PENSÉE. Même si cette pensée est passée par quatre prismes/préférences pour aboutir à une seule pensée en synthèse.

Prenons un exemple, car c'est le même mécanisme avec la vue : quand vous regardez une chaise, vous ne voyez qu'une seule chaise. Pourtant, votre cerveau a deux images de la chaise : l'œil gauche voit la chaise dans un angle vu de gauche, l'œil droit dans un angle vu de droite ; ET le cerveau vous restitue UNE SEULE IMAGE. Si le fonctionnement du cerveau est altéré par l'alcool ou un accident, il ne peut synthétiser les deux images en une. C'est pour cela que nous disons qu'un ivrogne voit double.

Pour le langage c'est pareil, vous énoncerez spontanément votre phrase dans l'ordre de vos préférences, de façon inconsciente, mais ce sera votre phrase.

Les différents profils

En faisant le test, vous avez déterminé votre profil et notamment l'ordre de vos préférences.

Ainsi, vous savez maintenant si vous êtes monodominant, double dominant – triple dominant – ou, plus rare, quadridominant.

Voici ce qui caractérise le fonctionnement de chacune de nos 4 préférences cérébrales, sachant que les études ont montré[4] que :

- **35 % des gens présentent un profil monodominant.**
- **58 % présentent un profil double dominant :**
  - 40 % pour le cerveau gauche ou le cerveau droit, et pour le cerveau cortical ou le cerveau limbique ;
  - 18 % pour les doubles dominants en diagonale.
- **6 % présentent un profil tridominant.**
- **1 % des gens sont quadridominants.**

(Voir le détail pages suivantes.)

En découvrant ces différents profils, il est fort probable que vous pensiez immédiatement à telle ou telle personne de votre entourage passé ou actuel, en vous disant : « Ça, c'est tout lui/elle ! » Ou encore, à cette relation amicale, professionnelle que vous aviez jugée si pertinente dans une situation et si stupide dans une autre.

Pour rappel, le cerveau est composé de deux hémisphères :

- l'hémisphère gauche correspond à un mode de fonctionnement logique, analytique, séquentiel ;
- l'hémisphère droit privilégie une perception globale, l'expression des émotions, l'imagination.

Chaque hémisphère se subdivise en deux zones : en haut, le cerveau cortical intégrant la dimension « pensée » et, en bas, le cerveau limbique, le « ressenti ». Soit quatre préférences que chacun va utiliser avec une intensité variable. Nous sommes tous un composé de ces préférences, mais chacune d'elles a ses particularités et peut, chez une personne, être plus ou moins dominante.

4. Source : étude M. Solon Smith – 10 000 personnes, de 1986 à 2021.

À chaque préférence, ses tendances :

CORTICAL GAUCHE DÉMONTRER	CORTICAL DROIT VISUALISER
• Rigueur intellectuelle • Logique déductive • Faculté de raisonnement • Inclination à la critique • Capacité d'évaluation • Affinité pour la technique • Expertise	• Innovation • Imagination • Synthèse • Stratégie • Risque • Intuition • Simultanéité • Esprit libre
LIMBIQUE GAUCHE CONCRÉTISER	**LIMBIQUE DROIT ÉCHANGER**
• Méticulosité • Fiabilité • Esprit conservateur • Organisation • Planification • Gestion • Réalisation • Contrôle	• Communication • Pédagogie • Impulsivité • Sociabilité • Émotion • Perspicacité • Attirance pour la spiritualité

Chaque individu a une empreinte cérébrale unique, faite d'une combinaison des quatre préférences cérébrales dans son ordre et ses proportions.

> Chacun a sa propre identité, doit être respecté pour ce qu'il est et faire de même avec l'identité de l'autre. Nous sommes tous complémentaires.

LES PROFILS MONODOMINANTS (35 %)

▬ Cortical Gauche (CG) :

Un mode de pensée analytique – Un profil factuel : : la logique avant tout – Une question : Quoi ?

Le Cortical Gauche est le cerveau de l'expertise, de l'analyse, de la rigueur intellectuelle, de la logique déductive, de la faculté de raisonnement.

Il développe le sens critique, le discernement et use avec aisance des chiffres et de la technique. Il est rationnel, logique, structuré.

Lorsque le cortical gauche est la préférence majeure, la personne préfère aborder les situations par la démonstration, de façon rationnelle. Elle est naturellement attirée par la résolution de problèmes en privilégiant un raisonnement logique. Comme elle manipule les chiffres avec aisance, rigueur et précision, les aspects budgétaires, financiers, statistiques sont faciles à aborder. Le « CG » est naturellement tourné vers la performance, la compétition. Il aime établir des stratégies, qu'elles soient financières, marketing ou budgétaires.

Dans ses échanges, le Cortical Gauche privilégie les faits. Comme il pense avant tout « Quoi ? », il communique en termes d'actions, avance des exemples concrets soutenus par des informations précises, rationnelles et si possible chiffrées. L'argumentation et la logique sont à la base de ses raisonnements. Il analyse la situation avant de décider.

Au quotidien, cette approche mentale des situations lui confère le sens de l'organisation. Comme l'analyse des faits est argumentée, les conclusions et solutions avancées ont tout du bon sens.

>> Gare à celui qui ne fonctionne pas comme un « CG », qui peut apparaître comme une personnalité froide, rigide, voire pinailleuse, d'autant qu'elle est plus à l'aise face à un ordinateur que face à un individu ou un groupe. Avoir réponse à tout peut en énerver beaucoup !

▬ Cortical Droit (CD) :

Un mode de pensée imaginatif – Un profil conceptuel : les idées avant tout – Une question : Pourquoi ?

Le « CD » est le cerveau de la créativité.

Avec une préférence « cortical droit dominant », l'individu privilégie une vision globale, va vite à l'essentiel et raisonne souvent par analogie. Il est attentif aux formes, aux couleurs et parvient à faire plusieurs choses à la fois. Créatif, il intègre les idées, les concepts et imagine des solutions nouvelles, explore des voies que d'autres qualifieront d'intuitives. Il se projette facilement dans l'avenir. C'est un explorateur, un conquérant, un visionnaire, un chercheur qui prend des initiatives quitte à prendre des risques. Il visualise les situations, car il pense et perçoit beaucoup par images de manière synthétique.

L'imagination et parfois l'originalité sont le propre de son mode de communication. Il aime surprendre, voire déranger, avec des idées neuves. Avec lui, les règles établies peuvent être remises en cause. Comme le présent et surtout le futur l'intéressent plus que le passé, il aime faire avancer, expérimenter, résoudre d'éventuelles difficultés de façon plus ou moins intuitive. Sa question leitmotiv est « Pourquoi ? », voire « pourquoi pas ? », pour proposer des solutions nouvelles.

Le fait d'avoir une vision globale portée vers l'avenir, doublée d'une forte intuition, participe à son pourvoir de persuasion.

>> En pratique, si au premier abord, une autre personne « CD » appréciera, comprendra sa créativité, son sens de l'autonomie et son esprit novateur, il pourrait bien sembler brouillon, un rien fantaisiste et aventureux à un esprit plus rationnel, attaché aux conventions. Son audace peut en désarçonner plus d'un ou les inquiéter.

▬ Limbique Gauche (LG) :
Un mode de pensée pragmatique – Un profil : méthodique avant tout – Une question : Comment ?

Le Limbique Gauche est le **cerveau du concret et du contrôle.**

Il participe aux fonctions qui apportent la précision, la fiabilité. L'organisation, la planification tout comme la réalisation de l'idée, le passage à l'action sont de son ressort, toujours avec méticulosité et dans le respect des règles, des traditions et de la qualité. Il faut que l'ordre règne.

Son approche mentale est séquentielle : il va d'abord (s')interroger sur comment faire puis donner des étapes : dans un premier temps..., dans un second temps... pour obtenir... (résultat). En mettant de l'ordre dans ses idées, il se rassure et vise le consensus. Il ne laisse rien au hasard.

Neutre dans la présentation des faits, il mémorise ce qui est dit et s'appuie sur des sources et références. Il n'en demeure pas moins que c'est le cerveau qui remarque les défauts ou les corrige. Professionnellement, il est perfectionniste, va développer ses connaissances et ses compétences pour tendre vers l'expertise. On va souvent le retrouver dans des activités à caractère technique (ingénieur, médecin). Ses qualités s'exprimeront dans des activités d'ingénierie, production, méthodes, banque, qualité où l'empirisme et les procédures ont toute leur place. Il avance étape par étape. Sa vision s'établit sur une séquence d'un an : le prochain bilan, les prochaines vacances, la prochaine compétition...

>> En pratique, deux personnes « LG » ensemble se rassurent, heureuses de se trouver face à un esprit conservateur, une approche structurée, réaliste. Mais un esprit cortical droit (CD/VISUALISER) ou limbique droit (LD/ÉCHANGER) pourrait trouver un « LG » bien tatillon, sans imagination, fermé au changement et incapable de penser par lui-même. Pour convaincre et être instantanément compris d'un « LG », il faut avancer des preuves, des sources, des références, des faits précis et des clauses. Le « LG » est ancré dans le présent.

▬ Limbique Droit (LD) :

Un mode de pensée relationnel – Un profil sensible avant tout – Une question : Qui/Pour qui/Avec qui ?

Le cerveau limbique droit gère la relation avec autrui, le contact humain, la pédagogie, la sociabilité et le besoin de reconnaissance.

Il est celui de l'échange, du lien, de l'impulsivité, de l'émotion et de la spiritualité.

Il capte les difficultés relationnelles, anticipe et comprend le ressenti des autres, perçoit des éléments non verbaux de communication. Il engendre l'enthousiasme, persuade, concilie, partage, comprend les éléments émotionnels, prend en compte les valeurs. C'est le cerveau qui exprime l'empathie. Sensible et attentif aux autres, il aime la convivialité, prend soin de ceux qui l'entourent, cherche le consensus tout en ayant besoin d'une forme de reconnaissance. C'est la seule préférence qui reconnaît son erreur et qui peut l'accepter.

Il utilise des formules nuancées : « J'ai le sentiment, ma première impression est... ». Ses préoccupations et interrogations premières s'intéressent aux personnes, au groupe : « Qui sera-là ? Avec qui ferons-nous ceci ? Qui est concerné ? Pour qui le ferons-nous ? ».

Professionnellement, on le retrouve dans des métiers (vente, enseignement, théâtre) où le travail en équipe tient une grande place, dans des secteurs nécessitant pédagogie, diplomatie, empathie. Éternel altruiste, il peut sembler fragile, susceptible et trop gentil à un profil différent.

>> En pratique, dans la relation à l'autre, son caractère chaleureux, enthousiaste s'associe à un sens certain de l'équipe, du groupe amical, familial, professionnel... si son interlocuteur procède également du cerveau limbique droit dominant. Un profil CG/DÉMONTRER peut le déstabiliser en créant un rapport de force et un profil LG/CONTRÔLER peut l'ennuyer en lui demandant des preuves. Un CD/VISUALISER peut l'intéresser mais lui faire prendre des risques.

LES PROFILS DOUBLES DOMINANTS 58 % (40 % + 18 %)

Les doubles dominants réunissent la majorité de la population (58 %). Leurs deux préférences se situent au même niveau.

On peut être double dominant de six façons :

40 %

- Verticale :
  - **Hémisphère gauche** : Cortical Gauche DÉMONTRER + Limbique Gauche CONCRÉTISER
  - **Hémisphère droit** : Cortical Droit VISUALISER + Limbique Droit ÉCHANGER

> Ces deux profils auront des réactions plus homogènes, car celles-ci seront soit dans la logique (cerveau gauche), soit dans le créatif (cerveau droit).

- Horizontale :
  - **Cerveau cortical** : Cortical Gauche DÉMONTRER + Cortical Droit VISUALISER
  - **Cerveau limbique** : Limbique Gauche CONCRÉTISER + Limbique Droit ÉCHANGER

> Ces deux profils auront des réactions plus homogènes, car celles-ci seront soit dans le mental (cerveau cortical), soit dans l'émotionnel (cerveau limbique).

18 %

- Diagonale :
  - **Cortical Gauche** DÉMONTRER + **Limbique Droit** ÉCHANGER
  - **Cortical Droit** VISUALISER + **Limbique Gauche** CONCRÉTISER

> Ces deux profils auront des réactions plus brusques avec des changements immédiats d'humeur car leurs deux préférences se trouvent en antagonisme :

- l'émotionnel/créatif (LD) est face au mental/logique (CG),
- ou l'émotionnel/logique (LG) est face au mental/créatif (CD).

Examinons maintenant une par une chacune de ces doubles dominantes :

Profil hémisphère gauche : double préférence à gauche

= Cortical Gauche (CG) DÉMONTRER +
Limbique Gauche (LG) CONCRÉTISER

L'attitude de référence de la personne double dominante « cerveau gauche » est logique et analytique. La personne perçoit ce qui l'entoure en combinant aisément et de manière logique les faits et chiffres, tout en ayant soin d'adopter une méthode organisée, planifiée, prudente. C'est un esprit qui analyse, déduit, chiffre, en qui on peut avoir toute confiance car tout est vérifié, contrôlé dans les moindres détails.

Sans être une grande communicante, elle s'exprime de façon claire, précise, argumentée, en privilégiant la logique démonstrative.

Quel que soit le sujet, elle s'interroge sur la qualité, la méthode de l'analyse, s'assure du contrôle de la situation, de la sécurité du projet avant de prendre toute décision.

Profil hémisphère droit : double préférence à droite

= Cortical Droit (CD) VISUALISER +
Limbique Droit (LD) ÉCHANGER

L'attitude de référence du « tout à droite » privilégie une vision globale et intuitive reléguant méthode et procédures. Son approche de la réalité est synthétique, portée vers l'avenir et partagée avec autrui.

Sensible aux ressentis de son entourage, il implique les autres, recueille leurs avis, leurs idées et resitue toujours le sujet dans un contexte général, porté vers l'avenir. Il s'inquiète de l'exhaustivité des solutions envisagées et, à la fois, imagine des éventualités et interroge les autres.

Cette personne a des idées et il est tout aussi important pour elle de les avoir que de les partager.

Il émane des profils « double dominant » gauche et droit un sentiment d'unité, chaque préférence – cortical/limbique – se renforçant dans une logique globale.

Attention, la cohérence ressentie par ces profils tout gauche ou tout droit peut aussi créer de sérieux problèmes de compréhension face à des personnes ayant des simples ou doubles dominances opposées : un double dominant à gauche sera jugé « inflexible » et « pas marrant » par un dominant droit. Inversement, un double dominant gauche ne sera pas convaincu par l'approche globale et intuitive d'un dominant droit. À l'un de faire l'effort d'aller vers l'autre en pénétrant dans sa bulle de préférences, pour qu'ils parviennent à communiquer et se comprendre.

Profil Double dominant Cortical Gauche (DÉMONTRER) et Droit (VISUALISER)

Ce profil conjugue une analyse rationnelle des situations à un sens affirmé de l'intuition, de la créativité, avec une facilité déconcertante.

Quand il parle, il va à l'essentiel, se réfère à des données chiffrées, des éléments factuels tout en se projetant dans l'avenir.

C'est le profil type de l'individu qui apprend facilement et avec plaisir à écrire des langues comme le chinois et le japonais : pour écrire, il sollicite comme nous tous son cerveau gauche, et tout autant le droit pour les idéogrammes, ces symboles graphiques qui représentent un mot, une idée et qui caractérisent ces langues.

Il imagine, analyse, assume l'échec et est entrepreneur, gère parfaitement ses budgets. Il a besoin de challenge et de nouveauté.

Profil Double dominant Limbique Gauche (CONCRÉTISER) et Droit (ÉCHANGER)

Le double dominant limbique adopte une approche pratique, concrète et minutieuse tout en étant capable d'empathie, tourné vers les autres, voire émotif.

Il apporte spontanément des réponses pragmatiques à des questions simples et est à même d'intégrer rapidement les réactions des autres. Il suit sans efforts les process. Il règle les conflits avec aisance et sait rassurer.

Dans chaque situation, il tient compte simultanément des deux aspects : d'une part, ceux qui relèvent de l'organisation, la planification, la méthode et d'autre part, ceux prenant en considération les autres, leurs avis.

Profil Double dominant en diagonale (18 % des personnes)

- Cerveau Cortical hémisphère Gauche (DÉMONTRER) +
  cerveau Limbique hémisphère Droit (ÉCHANGER)

Il aime la discussion et gère très bien les rapports de force. Il a le même plaisir à établir stratégie et budget qu'à les présenter avec brio. C'est un parfait négociateur.

- Hémisphère Cortical Droit (VISUALISER) + cerveau Limbique Gauche (CONCRÉTISER)

C'est quelqu'un qui a des idées, voit loin, prend des risques et peut aussi être chercheur tout en éprouvant la même satisfaction à concrétiser son idée. Son plaisir est de faire. C'est le propre de l'artiste.

Profil triple dominant (6 %)

Quelles que soient les trois préférences cérébrales caractérisant leur empreinte cérébrale, leur aptitude, leur facilité à communiquer et se faire comprendre des autres est élevée. En effet, l'approche de ce profil intègre le mode de fonctionnement des trois préférences au même niveau.

Le triple dominant :

- CG/DÉMONTRER - LG/CONCRÉTISER - LD/ÉCHANGER sait parfaitement négocier. On peut avoir totalement confiance en lui. Il ne prend aucun risque et sait très bien parler de son idée.
- CG/DÉMONTRER - CD/VISUALISER - LG/CONCRÉTISER : adore trouver une idée, sait parfaitement la démontrer et la concrétiser, c'est un bâtisseur.
- CG/DÉMONTRER - CD/VISUALISER - LD/ÉCHANGER : c'est quelqu'un qui voit loin, a des idées, sait très bien les démontrer et convaincre par la « tchatche » ; négocie parfaitement. « Faire » lui paraît évident et cela ne lui apporte aucun plaisir particulier. Il doit être entouré de personnes qui vont faire. Il adore communiquer l'idée.
- LG/CONCRÉTISER - CD/VISUALISER - LD/ÉCHANGER : c'est un communicant, un artiste ou un chercheur qui sait prendre des risques. Capable à la fois de se projeter et de rendre concrètes les choses, il ne tient pas forcément compte dans sa réflexion des moyens financiers et de la rationalité nécessaires.

Profil quadridominant (1 %)

Les personnes ayant ce profil sont rares, s'adaptent facilement aux situations, à leurs interlocuteurs quel que soit le profil de ces derniers. À même de considérer une situation sous différents angles, ils peuvent naturellement devenir des médiateurs. Ils naviguent d'un mode de raisonnement à un autre sans effort, utilisent le vocabulaire des registres des quatre préférences. Un profil quadridominant aime et est à l'aise pour trouver l'idée, la démontrer, la mettre en œuvre et la partager en la communiquant aux autres.

Être quadridominant est parfait pour les personnes qui vous écoutent, car le quadridominant donne l'information avec les arguments des quatre préférences. Quand il évoque un sujet, il balaye spontanément les quatre préférences en parlant « avenir – raisonnement – preuve – relation à l'autre ». Comme il utilise tout de la sphère de communication, il est compris instantanément.

En revanche, pour ces profils, les tri et quadridominants qui peuvent être compris de tous et les tridominants de presque tous, la frustration vient des réponses qui leur sont faites car elles sont toujours incomplètes : ils ne recevront les arguments que d'une ou deux préférences, les autres étant manquantes.

Prenons un exemple : vous allez lancer un nouveau stylo sur le marché.

L'ordre dans lequel vous allez annoncer vos arguments relevant des quatre préférences n'a pas d'importance, en revanche n'oubliez jamais de donner les quatre, c'est une habitude qui s'acquiert et qui doit se pratiquer. On commence toujours spontanément par son majeur préféré. C'est ce qui nous anime en premier.

Pour être entendu, compris de tous, il faut donc utiliser le mode de pensée qui correspond à chacune des préférences cérébrales, soit les quatre façons de dire qui correspondent aux quatre questions qui se posent : Quoi ? Pourquoi ? Comment ? Qui ?

Ainsi, pour intéresser une personne majeure en :

- *QUOI ? CG/DÉMONTRER et chiffres, vous direz par exemple : « Le rapport qualité-prix est incroyable et on vous fait 10 % de réduction ».*
- *POURQUOI ? CD/VISUALISER et risque, créativité, vous direz par exemple : « C'est le stylo du futur ; on dirait du plastique mais c'est une nouvelle matière qui ne pollue pas et qui est biodégradable ! »*

- *COMMENT ? LG/CONCRÉTISER, vous direz par exemple : « Aucune inquiétude, le brevet de cette nouvelle matière a été déposé. Il est garanti à vie ou remplacé ».*
- *QUI ? LD/ÉCHANGER, vous direz par exemple : « Tu me connais, fais-moi confiance, le stylo est beau, cela va être un succès incroyable, tu seras fier de l'utiliser et de l'offrir ».*

Nous avons passé en revue les caractéristiques des différents grands profils, ce qui permet sans doute à certains de se retrouver dans les grandes lignes. Nous avons chacun notre personnalité. Nous pouvons monter en puissance dans notre expertise mais nous ne voulons pas changer d'identité cérébrale. Nous voulons être respectés pour elle-même comme nous devons respecter celle des autres.

En revanche, et c'est l'un des plus grands bénéfices du GPS-Relationnel®, connaître notre empreinte cérébrale permet de comprendre comment nous fonctionnons et comment nos messages sont interprétés par nos interlocuteurs. S'adresser à quelqu'un en utilisant les arguments de sa préférence majeure (que son cerveau privilégie), c'est comme, en quelque sorte, lui parler dans sa « langue maternelle », c'est-à-dire la langue qui va le concerner, le toucher instantanément sans que cela lui coûte.

Enfin, grâce au GPS-Relationnel® (le **G**uide des **P**références **S**imultanées), vous n'avez plus besoin de chercher à savoir quel est le profil de la personne ou des personnes en face de vous, car vous leur donnerez automatiquement les arguments employant les quatre façons de le dire. C'est un outil inestimable de communication. C'est le langage universel. Vous touchez ainsi tout le monde. (Cf. Tableau du langage universel pages 104-105.)

En identifiant nos domaines de prédilection (analyse, créativité, méthode, lien), nous distinguons naturellement aussi ceux où nous éprouverons le plus de plaisir et, a contrario, les situations dans lesquelles nous nous épuisions jusque-là, sans savoir pourquoi ni comment y remédier.

Ce que je déteste – Ce dont j'ai besoin

Nous avons défini que chacun de nous est une combinaison unique des quatre préférences cérébrales, avec le plus souvent une, deux, voire trois ou quatre majeures.

Pour mieux appréhender nos inquiétudes, gérer nos sentiments de malaise ou de peur, voyons, préférence par préférence, l'effet de chacune dans ce que nous détestons, ce dont nous avons besoin ou ce que nous craignons.
C'est une autre façon de déterminer votre profil cérébral et vos préférences.

SI JE DÉTESTE
Si je déteste…
… prévoir à plus d'un an, suivre mon intuition, le risque, avoir une vision sans pouvoir l'étayer par des preuves ou une démonstration, devoir imaginer et créer, aller dans une autre direction ou renoncer à mes valeurs actuelles, je suis majoritairement **CG/DÉMONTRER** et je rejette d'emblée tout ce qui s'apparente au CD/VISUALISER : idées, vision, créativité, risque.
Ma forte propension à l'analyse ne fait pas pour autant de moi un décisionnaire, mais à force de décortiquer tous les aspects d'un concept, d'un projet, par la logique, les chiffres, je trouverai toutes les raisons de faire ou ne pas faire.

Si je déteste…
… suivre des procédures, respecter les clauses, ne pas être en mesure de concrétiser, être obligé à l'inaction, devoir me projeter à plus d'un an, prouver en m'appuyant sur des références ou des statistiques, je suis majoritairement **CD/VISUALISER**.
Tout ce qui relève du limbique gauche (LG/CONCRÉTISER) m'ennuie profondément, s'accompagne d'une perte de sens qui

pourrait me faire renoncer à mes valeurs et m'empêcher de progresser. Suivre une méthode me coûte beaucoup.

Si je déteste…
… ou même si je SOUFFRE de ne pas être aimé, reconnu pour ce que j'ai fait, accepté pour ce que je suis ; si je ne me sens pas assez écouté/entendu, qu'on m'empêche d'exprimer ma générosité, c'est que je suis majoritairement **LD/ÉCHANGER.** Ma conception de la vie repose avant tout dans le lien aux autres.

Si je déteste…
… le flou, l'incertitude, le manque d'objectivité, l'incohérence, ne pas maîtriser un process, un planning, je suis majoritairement **LG/CONCRÉTISER**. Un interlocuteur dont l'empreinte cérébrale est marquée par des préférences de l'hémisphère droit pourra me sembler être un rêveur irréaliste, non fiable. Je pourrais lui être d'une grande aide pour concrétiser un projet.

SI J'AI BESOIN

En tant que majoritairement CG/DÉMONTRER, j'ai besoin que l'on me DÉMONTRE avec logique les choses.
J'analyse en considérant les données factuelles, les aspects budgétaires, je cherche à comprendre les éléments techniques. J'analyse en suivant une logique, je quantifie. J'aime résoudre des problèmes et trouver des liens de cause à effet pour donner un sens, m'assurer de la cohérence. Je recherche le gain et ne m'attarde guère sur l'aspect émotionnel.

En tant que majoritairement CD/VISUALISER, j'ai besoin que l'on me donne une VISION.
En effet, je résous les problèmes de manière intuitive, j'aime synthétiser les éléments dans un nouveau tout, tout en accep-

tant l'ambiguïté. Je capte les signes du changement, suis à même de rapidement intégrer les idées, les concepts. J'appréhende une situation de façon globale, générale. J'aime prendre des risques, remettre en cause l'existant, donner à l'action un sens en phase avec mes valeurs. J'aime chercher, créer ; innover est chez moi synonyme de plaisir.

En tant que majoritairement LG/CONCRÉTISER, j'ai besoin de PREUVES.
J'aborde les situations, les problèmes scrupuleusement, avec méthode et minutie. Fiable, j'ai plaisir à faire, agir et pour cela, je développe ou suis des plans d'action et des plannings détaillés qui me rassurent et me permettent d'aller au bout des choses. Je n'aime pas la passivité, l'inaction. Je planifie difficilement au-delà d'un an car ma vision est de douze mois. Je remarque tout de suite les défauts et les failles d'une organisation.

En tant que majoritairement LD/ÉCHANGER, j'ai besoin de RECONNAISSANCE et de COMMUNICATION.
Sensible, expressif, émotif, je suis serviable, je parle beaucoup. Je ressens mon environnement avant tout. J'ai besoin d'être écouté, que l'on ait confiance en moi et que le groupe – amical, familial, professionnel – m'accepte. Je sais aussi reconnaître mes erreurs. La relation à l'autre est ma motivation, j'ai plaisir à faire plaisir ! Je suis souvent qualifié de pédagogue et sociable. Pour moi, la vie repose avant tout sur le lien et la relation aux autres.

Nos préférences cérébrales changent-elles ?

Notre empreinte cérébrale, bien qu'inscrite au plus profond de nous-mêmes, évolue en puissance – sans toutefois changer –, du fait d'événements (accidents de la vie, blessures affectives) et de l'influence des couches successives qui peuvent continuer de nous façonner notre vie durant :

- la famille – l'éducation,
- l'environnement – la culture,
- les études – le métier.

On est vu par une **enveloppe extérieure** :

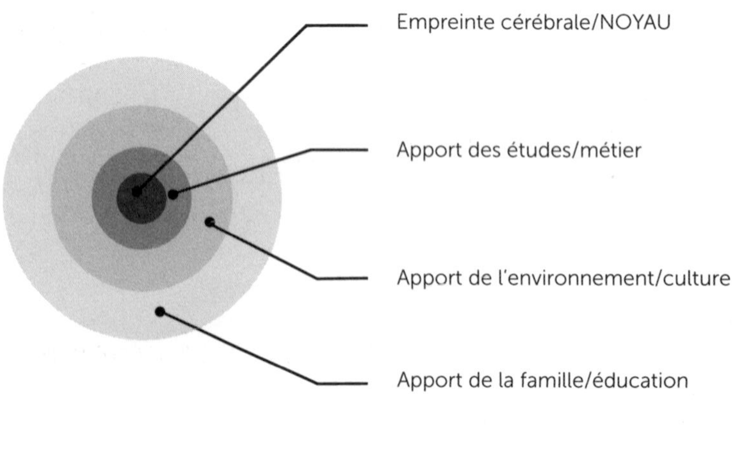

Mais rien de cela ne se fait sans la première matrice qu'est notre empreinte cérébrale.

Si des préférences peuvent monter en puissance durant notre vie, elles conservent a priori entre elles leur différence de proportions. Il est possible de soigner par exemple une blessure affective avec un travail de développement personnel (coach, psy, etc.) ou encore, grâce au GPS-Relationnel®, de mieux communiquer et de se faire mieux comprendre des autres, mais on reste toujours soi-même, et pour les blocages affectifs cela relève d'une volonté de travail sur soi.

Rares sont les personnes qui ont envie de changer. On reste fidèle à soi-même. Il est difficile d'aller contre sa nature.

On monte simplement en puissance. Si vous êtes « hémisphère droit majoritaire » et que vous suivez votre intuition facilement, vous n'aurez jamais envie d'aller vers l'hémisphère gauche en majeur et de ne rester que dans le raisonnement et le non-risque.

Si vous êtes « hémisphère gauche majoritaire », vous préférerez l'analyse, le bon sens, vous ne voudrez pas prendre de risque, et il faudra commencer par tout vous démontrer. Vous vérifierez et contrôlerez tout.

La vie et ses événements peuvent nous conduire à développer certains fonctionnements. Ainsi, une jeune femme « artiste dans l'âme » eut des jumeaux. Elle qui, jusque-là, vivait sans horaires précis, sans planning, devint pourtant un exemple d'organisation et de méthode. Elle semblait toujours très heureuse et son entourage fut très étonné de ce changement. En réalité, cette évolution était possible car, si elle était bien double majeure en hémisphère droit (CD/VISUALISER + LD/ÉCHANGER), l'écart avec la préférence cérébrale (LG/CONCRÉTISER) était faible et cela ne lui demandait guère d'énergie de développer son sens de l'organisation. D'autant que la finalité – rendre heureux ses enfants et libérer du temps pour son activité artistique – était source de plaisir.

VOICI CE VERS QUOI VOUS POUVEZ ÉVOLUER EN FONCTION DE VOS PRÉFÉRENCES CÉRÉBRALES

HÉMISPHÈRE GAUCHE (LOGIQUE) : devenez plus cool !

Vos préférences sont ancrées à gauche, certes, logique et méthode sont vos territoires de prédilection. En écoutant plus votre intuition, en accordant plus de valeurs aux idées et aux autres, vous deviendrez plus cool.

- **Pour aller vers le CD/VISUALISER :** donnez du temps au temps, appréciez une promenade sans but en famille, entre amis, pratiquez un loisir artistique (photo, musique, écriture, sport d'extérieur) et surtout, soyez moins exigeant sur la méthode.

- **Pour aller vers le LD/ÉCHANGER** : laissez l'initiative aux autres, laissez-vous porter par leurs suggestions. Ne culpabilisez pas face à votre propre émotion : laissez plus de place aux sentiments et soyez moins rigoureux sur la recherche de chiffres, de preuves.

En rejoignant une chorale, une troupe de théâtre, une association, vous développerez une forme d'humanité sans trahir votre besoin de structure et d'organisation que vous pourrez apporter au groupe.

HÉMISPHÈRE DROIT (CRÉATIF) : soyez plus logique et méthodique

C'est tout l'inverse ! Il vous faut accorder davantage d'importance à l'organisation et à la planification.

- **Pour aller vers le CG/DÉMONTRER :** prenez vos idées (vous êtes très fort en idées !) et faites des tableaux qui vont structurer leur réalisation dans le temps, identifier les acteurs, leurs rôles, etc. Essayez de décomposer ce qui vous entoure, de comprendre comment fonctionne un outil dont vous vous servez (PC, tondeuse, etc.), faites-vous expliquer par votre banquier les mécanismes financiers. Et orientez vos loisirs vers des activités qui vous feront gagner en méthodologie sans renier vos aptitudes créatives et relationnelles : billard, sculpture, golf.
- **Pour aller vers le LG/CONCRÉTISER :** devenez plus gestionnaire (faites un budget pour votre foyer et suivez vos comptes). Cela signifie que vous aurez rangé votre bureau, classé vos papiers, vos souvenirs de vacances. Astreignez-vous à suivre les modes d'emploi et les notices et tentez d'élaborer des plannings pour un jour, deux jours, une semaine, un mois et de les respecter !

Des activités comme le tennis, le jogging, la culture physique vous aideront à développer cette approche.

CERVEAU CORTICAL (MENTAL) : vous avez aussi un corps et un cœur !

« Tout cortical », les activités intellectuelles vous attirent. Vous réussissez d'ailleurs plutôt brillamment grâce à votre sens de l'analyse qui s'appuie sur des faits et votre esprit synthétique et imaginatif. Gare à votre individualisme, qui vous éloigne de ce que les autres pourraient vous apporter si vous échangiez avec eux.

- **Pour aller vers le cerveau limbique (LG/CONCRÉTISER + LD/ÉCHANGER) :**

  Apprenez à vous écouter : votre corps vous parle et vous avez aussi des sentiments, vous ressentez des émotions. Ne les ignorez pas et cherchez même à les comprendre ! Accordez de l'importance à vos proches en leur consacrant du temps. Investissez-vous dans des activités partagées, que ce soit dans la vie quotidienne (cuisine, courses, activités des enfants) ou sur votre temps de loisir : une sortie entre amis ?!

CERVEAU LIMBIQUE (ÉMOTIONNEL) : cherchez l'intellectuel qui est en vous !

« Tout limbique », vous êtes très sensible aux émotions (les vôtres et celles de votre entourage) et à la qualité des échanges. Simultanément, vous contrôlez les situations (temps, budget, rangement, etc.) sans aucun effort. Cela laisse peu de place à la réflexion purement intellectuelle, la conceptualisation.

- **Pour aller vers le cerveau cortical (CG/DÉMONTRER + CD/VISUALISER) :** ouvrez-vous à des activités plus analytiques et créatives (jeu de Go, échecs, sorties spectacles, musées). Développez votre esprit critique : partagez votre avis sur un film, un livre, un évènement. Intéressez-vous aux émissions de débats d'idées, quel que soit le sujet. Laissez-vous aller à émettre plusieurs hypothèses dans une situation donnée. Avoir des idées, faire des projets n'empêchent en rien le contrôle !

> La finalité : mieux accepter l'autre, accueillir sa différence et mieux savoir comment communiquer avec lui.

Cas particuliers : HPI (personnes à haut potentiel intellectuel) et jumeaux

Voici deux profils qui font beaucoup parler, fascinent et sont l'objet de fantasmes. Les premiers, du fait de leur puissance intellectuelle et, pour certains d'entre eux, une forme d'inaptitude à la vie en société ; les seconds, car leur enveloppe extérieure (pour les monozygotes) similaire intrigue autant que leur relation tacite et parfois fusionnelle. Les HPI ont-ils une empreinte cérébrale caractéristique ? Les jumeaux sont-ils semblables au point d'avoir la même empreinte cérébrale ?

LES HPI ONT-ILS UNE EMPREINTE CÉRÉBRALE CARACTÉRISTIQUE ?

Zèbre (le zèbre, difficilement apprivoisable, se fond dans le décor tout en se distinguant par ses rayures, propres à chaque individu), surdoué, précoce, HPI... les dénominations désignant les personnes dont le quotient intellectuel (QI) est supérieur à 130 sont nombreuses. Nous en connaissons tous. Un peu plus de 2 % de la population seraient concernés, soit au moins un enfant par classe...

Les personnes HPI ont bien un cerveau qui se distingue : à la fois plus volumineux et plus actif que la moyenne, il a un faisceau de neurones reliant les zones frontale et pariétale (sur le dessus et l'arrière) plus développé, de même que les fibres neuronales qui relient les deux hémisphères cérébraux. La différence se situerait également au niveau du fonctionnement cognitif. Les enfants au QI élevé disposeraient d'une « mémoire de travail » plus efficace et traiteraient donc l'information plus rapidement.

La mémoire de travail est la mémoire à court terme (quelques secondes) qui permet de stocker temporairement jusqu'à sept informations à la fois et de mobiliser des connaissances pour résoudre des problèmes immédiats comme des calculs, et le cortex préfrontal en est le siège.

Parmi les traits de caractère cités par le pédopsychiatre Gabriel Wahl : « Une grande curiosité intellectuelle, une grande aisance dans l'expression écrite ou orale, une détestation de simplification des choses complexes, et une aisance à manier l'humour, l'ironie et le second degré ».

Cela se retrouve-t-il dans leur empreinte cérébrale ? Les tests GPS-Relationnel® effectués sur les profils HPI ont montré qu'ils ont peu d'écart entre l'hémisphère gauche et l'hémisphère droit, de sorte que le HPI n'a pas beaucoup d'effort à faire pour passer d'une approche logique à une approche intuitive, globale et vice-versa.

Toutefois, l'hémisphère gauche (maths/logique) est généralement dominant. Il l'utilise à son paroxysme. Or, en faisant cela, il va dans sa zone de confort. Mais est-ce pour autant ce dont le HPI a besoin ? Non... il a besoin de SENS et de motivation, de plaisir. S'il est courant d'entendre dire qu'un HPI est en échec scolaire, ce n'est certes pas par manque d'intelligence mais bien par manque de motivation, de plaisir dans un mode d'apprentissage non adapté à son fonctionnement cérébral. Chez cet adulte en particulier, le trouble anxieux est souvent associé à un besoin de sens constant, qu'on ne retrouve pas dans le trouble anxieux commun. Bien souvent, le surdoué vit même avec une image erronée de qui il est, persuadé d'être un imposteur.

Dans sa communication, dans l'échange, il va aisément s'adresser aux autres en utilisant les arguments des quatre préférences cérébrales, ce que ne font pas généralement les autres profils. Cette frustration va s'ajouter à l'ennui et à la lenteur ressentis par le HPI auprès de personnes moins vives et moins rapides intellectuellement.

LES JUMEAUX : UNE EMPREINTE CÉRÉBRALE DIFFÉRENTE, VOIRE COMPLÉMENTAIRE COMME DANS UN COUPLE

Même s'ils viennent du même œuf (pour les monozygotes), les jumeaux ont des empreintes digitales différentes. Il en est de même pour leurs empreintes cérébrales ! Chaque être humain est bien unique. Ce que nous avons constaté, c'est que leurs profils cérébraux sont complémentaires, comme c'est en général le cas, nous le verrons plus tard, dans les couples.

Illustrons ce propos avec deux frères jumeaux de quarante-cinq ans :

- Frédéric S., fonctionnaire d'autorité dans l'administration territoriale et chanteur,
- Jean-Christophe S., financier et flûtiste professionnel.

▬ Résultats des tests GPS-Relationnel® :

Jean-Chrisptophe S.
Financier
Flûtiste professionnel

Logique CG/DÉMONTRER M	Créatif CD/VISUALISER M
LG/CONCRÉTISER	LD/ÉCHANGER

Hémisphères droit et gauche à égalité : logique et créatif à égalité
Préférence majeure : double, CG/DÉMONTRER et CD/VISUALISER

Jean-Christophe S.

À égalité entre hémisphère gauche et hémisphère droit, Jean-Christophe n'a aucun effort à fournir pour passer d'un fonctionnement logique à un fonctionnement « visionnaire », et, inversement, à utiliser des arguments projectifs ou strictement analytiques, rationnels. Tout lui paraît évident et simple.

Avec une double dominance, il est autant dans l'idée que dans la logique et le raisonnement, c'est-à-dire qu'il a autant de plaisir à avoir une idée qu'à la démontrer, chiffres à l'appui.

Avec cette double fonctionnalité, il est comme les Chinois et les Japonais qui utilisent au même niveau le cortical droit (CD/VISUALISER) et le cortical gauche (CG/DÉMONTRER), car ils n'ont aucun effort à faire pour passer du verbal au non-verbal, comme l'exige l'écriture chinoise, japonaise ou coréenne (idéogrammes). Rien d'étonnant à ce qu'il soit musicien, qui plus est professionnel, cette double capacité – déchiffrer et intuition/créativité – fait partie du plaisir de l'artiste qui interprète une partition. Son intelligence et sa logique lui permettent de travailler dans le monde de la finance mais ce n'est pas son plaisir. Il n'aime pas déléguer, il aime faire.

Frédéric S.
Fonctionnaire d'autorité dans l'administration territoriale
Chanteur baryton

Logique	Créatif
CG/DÉMONTRER M	CD/VISUALISER M
LG/CONCRÉTISER	M LD/ÉCHANGER

Hémisphère gauche : logique
Préférence majeure : triple, CG/DÉMONTRER et CD/VISUALISER et LG/ÉCHANGER

Frédéric S.

On notera avec intérêt que les jumeaux ont deux majeurs communs, c'est-à-dire qu'ils fonctionnent de la même façon. Néanmoins, Frédéric est mineur en LG/CONCRÉTISER et son frère est plus fort dans cette préférence. Ils sont complémentaires : le majeur de l'un est le mineur de l'autre.

Frédéric, énarque et haut fonctionnaire, est à l'aise dans l'échange, la communication et la vision, plus que dans le contrôle et l'analyse. Il sait parfaitement bien déléguer et il a besoin de sens dans ce qu'il décide de faire.

Tous les deux sont complémentaires. Ils ont en commun la capacité à avoir une idée, à être créatifs et logiques et même à communiquer. En revanche, Frédéric, fonctionnaire, sait et aime déléguer ; Jean-Christophe, quant à lui, aime faire de la musique.

Les quatre invariants culturels par pays

En connaissant son profil cérébral, ses dominantes, il est donc possible de non seulement se comprendre, mais aussi de mieux se faire comprendre en s'adressant à ses interlocuteurs, de telle façon que chacun des angles d'approche (analyse/vision/contrôle/échange) soit intégré.

Il est intéressant de remarquer que c'est par la géographie qu'on raconte l'histoire.

Dans les pays du Nord, il y a moins de révolutions car les systèmes d'entraide sont plus importants à cause du froid, les gens doivent être solidaires pour survivre.

Dans les pays du Sud, là où il fait chaud, c'est chacun pour soi ; d'où les coups d'État et les révolutions.

Les invariants culturels sont les valeurs inconscientes transmises par la culture de chaque pays et dépendent du climat et de la géographie.

> Ce n'est pas votre nationalité, mais la culture reçue de votre mère ou de la personne qui vous a élevé qui va définir votre réaction face à une situation de stress, professionnelle ou autre.

Le travail fait par Geert Hofstede sur plus de quatre-vingt-dix pays a été d'appliquer aux quatre préférences cérébrales les quatre invariants ci-dessous.

On utilise la grille GPS-Relationnel® avec quatre paramètres différents de ceux qu'on utilise pour l'individu.

Pour le cortical gauche :	c'est la valeur de la hiérarchie de bas en haut.
Pour le cortical droit :	c'est la valeur du collectif vers le personnel.
Pour le limbique gauche :	c'est la valeur de l'insécurité vers la sécurité.
Pour le limbique droit :	c'est le rapport homme/femme.

	Hémisphère gauche	Hémisphère droit
Cortical	HIÉRARCHIE	COLLECTIF À PERSONNEL
Limbique	SÉCURITÉ À INSÉCURITÉ	RAPPORT HOMMES/FEMMES

Nous allons étudier le profil de la France comparé à celui d'autres pays. Cette démarche est très importante, car elle permet d'analyser la réaction de la personne face à un stress dans le travail ou dans la vie.

Si, par exemple, une personne de nationalité française ayant bénéficié d'une éducation française donnée par sa mère est expatriée au Japon, son attitude spontanée face à une situation de stress dans le milieu professionnel sera différente de l'attitude de son équipe. Elle devra en tenir compte pour gérer au mieux cette situation et ne pas en vouloir à ses collègues pour leur réaction.
Une autre personne, de nationalité française également mais élevée en France par une mère japonaise, aura dans la même situation une attitude face au stress au travail semblable à celle de son équipe japonaise.

Regardons maintenant les profils croisés de la France avec la Chine, l'Inde, le Japon, la Grande-Bretagne, l'Italie et les États-Unis.

FRANCE ——— *versus* INDE - - - - - - - -

CORTICAL GAUCHE
F 68 – I 77
HIÉRARCHIE

CORTICAL DROIT
F 71 – I 48
INDIVIDUALISME/
COLLECTIVISME

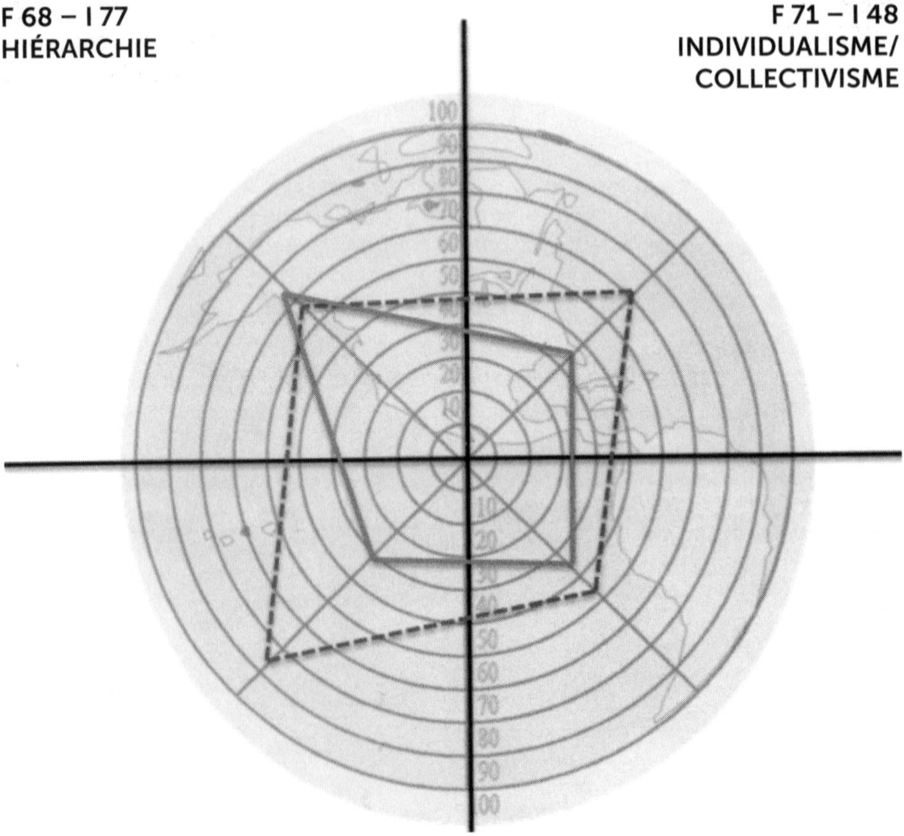

LIMBIQUE GAUCHE
F 86 – I 40
SÉCURITÉ/INSÉCURITÉ

LIMBIQUE DROIT
F 57 – I 144
RAPPORT HOMME/FEMME

FRANCE ______ *versus* CHINE --------

CORTICAL GAUCHE
F 68 – C 59
HIÉRARCHIE

CORTICAL DROIT
F 71 – C 39
INDIVIDUALISME/
COLLECTIVISME

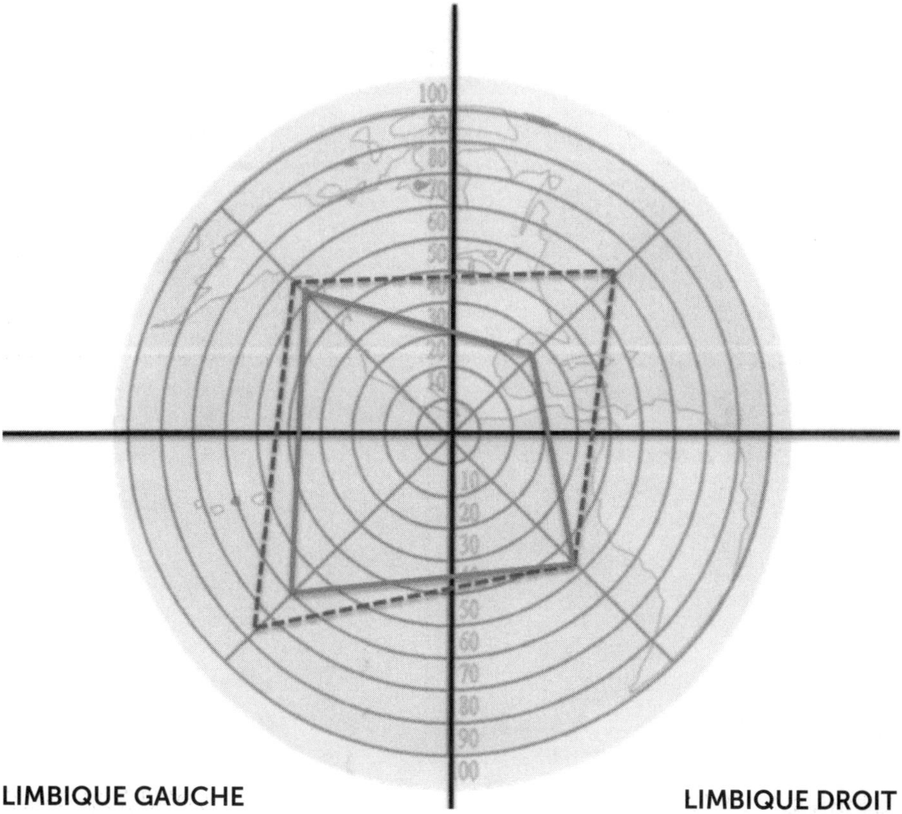

LIMBIQUE GAUCHE
F 86 – C70
SÉCURITÉ/INSÉCURITÉ

LIMBIQUE DROIT
F 57 – C 55
RAPPORT HOMME/FEMME

FRANCE ——— *versus* JAPON - - - - - - - -

CORTICAL GAUCHE
F 68 – J 54
HIÉRARCHIE

CORTICAL DROIT
F 71 – J 46
INDIVIDUALISME/
COLLECTIVISME

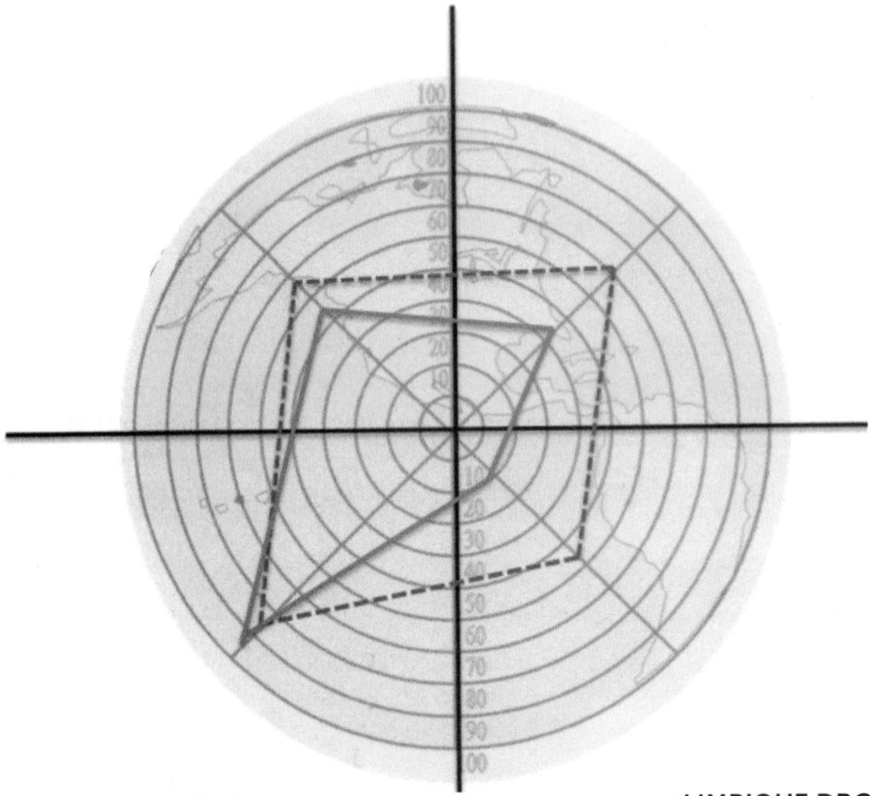

LIMBIQUE GAUCHE
F 86 – J 92
SÉCURITÉ/INSÉCURITÉ

LIMBIQUE DROIT
F 57 – J 18
RAPPORT HOMME/FEMME

FRANCE ______ *versus* ITALIE --------

CORTICAL GAUCHE
F 68 – I 50
HIÉRARCHIE

CORTICAL DROIT
F 71 – I 76
INDIVIDUALISME/ COLLECTIVISME

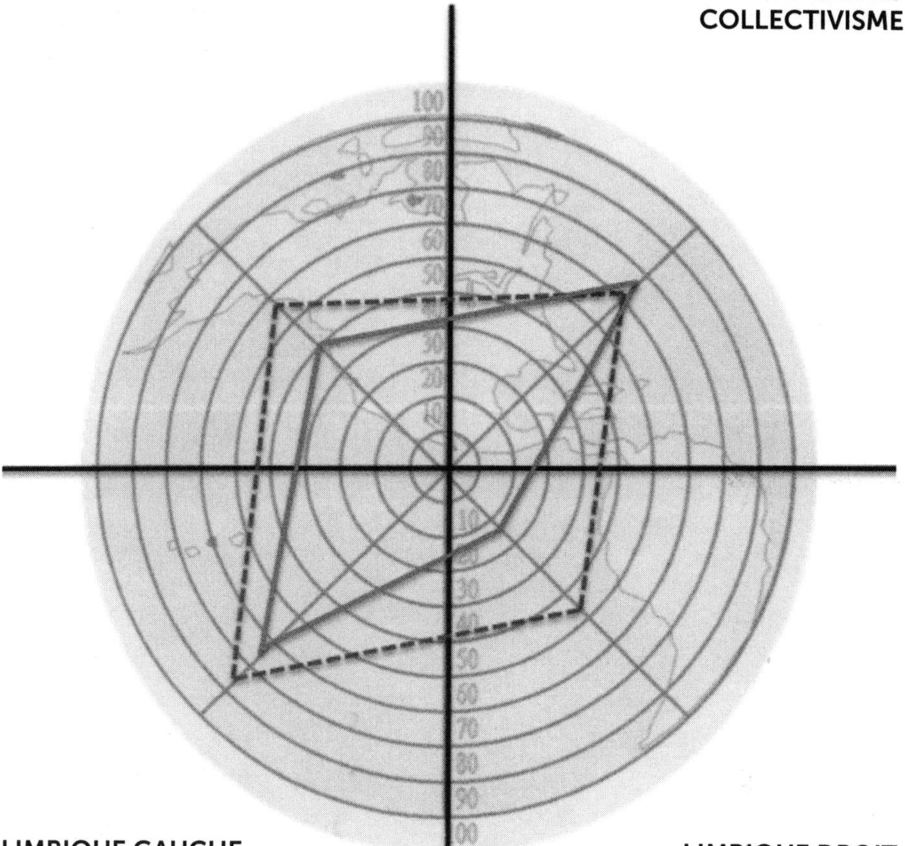

LIMBIQUE GAUCHE
F 86 – I 75
SÉCURITÉ/INSÉCURITÉ

LIMBIQUE DROIT
F 57 – I 23
RAPPORT HOMME/FEMME

FRANCE ______ *versus* ROYAUME-UNI --------

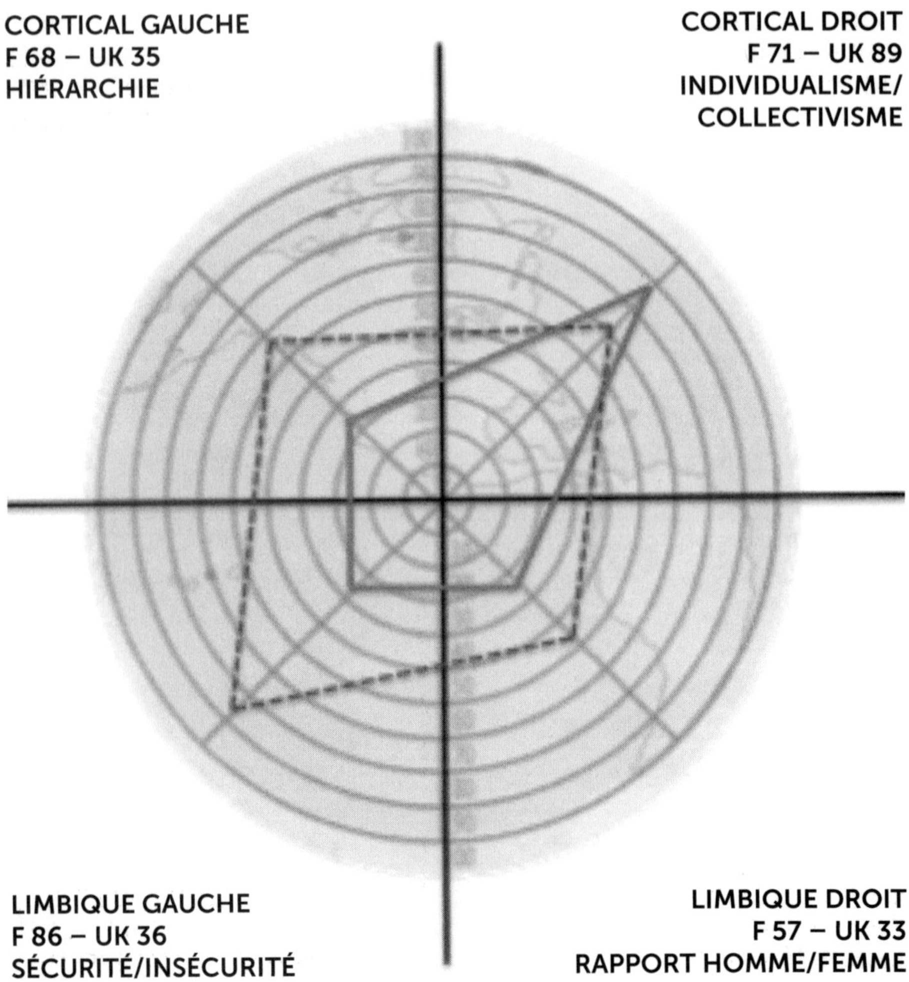

FRANCE ______ *versus* ÉTATS-UNIS --------

CORTICAL GAUCHE
F 68 – US 40
HIÉRARCHIE

CORTICAL DROIT
F 71 – US 97
INDIVIDUALISME/ COLLECTIVISME

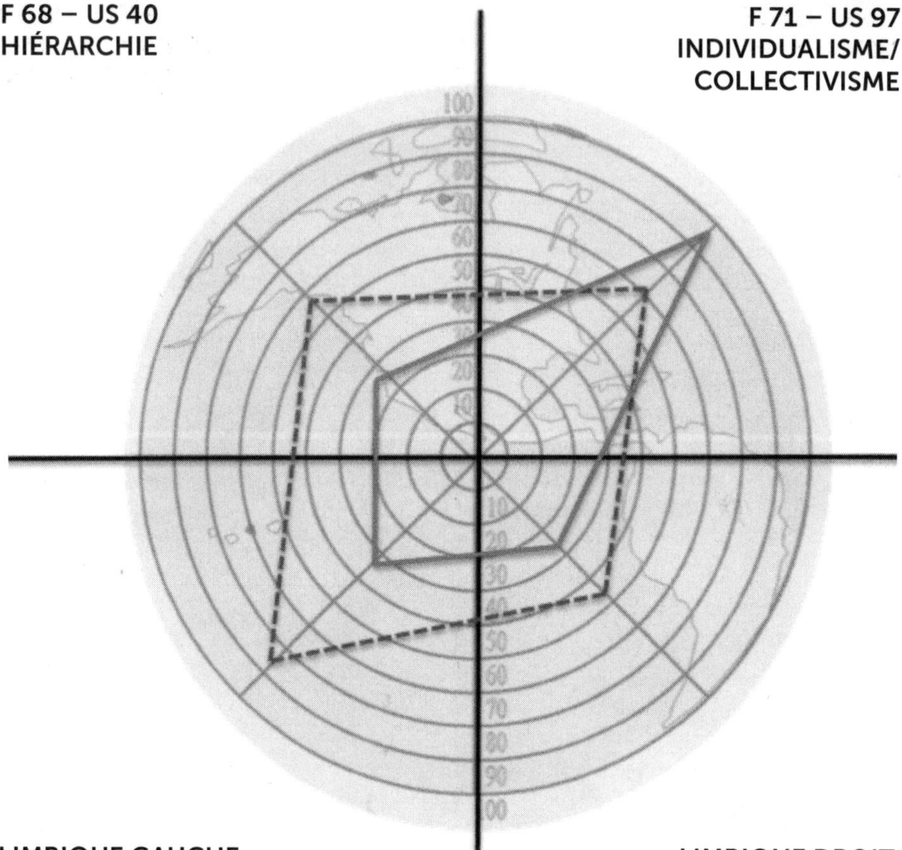

LIMBIQUE GAUCHE
F 86 – US 46
SÉCURITÉ/INSÉCURITÉ

LIMBIQUE DROIT
F 57 – US 37
RAPPORT HOMME/FEMME

Au vu de ce que vous venez de découvrir dans les schémas ci-dessus, vous allez aussi, en vivant dans un pays étranger, intégrer sa culture qui peut différer de la vôtre par au moins huit aspects : le langage, la vision du monde, la religion, la philosophie, la science, la technologie, l'esthétique et les coutumes.

Si la langue (écrite, orale) est probablement, dans les sociétés humaines, un véhicule essentiel, les messages non verbaux diffèrent d'une culture à l'autre au point de pouvoir créer des incompréhensions, des heurts voire des conflits. La gestuelle de l'un peut être interprétée par l'autre comme entrant en contradiction avec ses paroles, ce qui donne l'impression d'un mensonge. Or la communication corporelle, les messages non verbaux, qui pour certains représentent la part la plus importante de nos interactions avec autrui, sont gérés par l'hémisphère droit.

Dès lors, même celles et ceux qui n'auraient pas voyagé ont pu se rendre compte que la culture occidentale relevait plus du cerveau gauche (technique – logique/analytique) et la culture orientale du cerveau droit (spirituel – créatif/global).

On recense trois grandes catégories de messages non verbaux :

- l'environnement, les objets familiers, les vêtements ;
- l'apparence physique ;
- les mouvements, postures et expressions.

Ainsi, avant même que l'on ait identifié le profil cérébral d'une personne, son origine, sa culture, son éducation peuvent déjà nous donner des pistes quant au type d'arguments, de propos à tenir pour la toucher et, surtout, pour ne pas la heurter.

Par exemple, la culture nippone accorde aux domaines du cerveau droit une place prédominante, certainement liée à l'influence de la culture zen, tradition bouddhiste japonaise fondée principalement sur la pratique de la méditation. Ainsi, un Américain qui va aller droit au but va s'irriter de voir le Japonais aborder après maints détours une question à débattre. Quant au Japonais, il va s'offusquer, interprétant le caractère direct de l'Américain comme un manque de savoir-vivre. Ce même Américain sera dérouté par l'architecture d'une ville française qui rayonne autour d'un site, d'un monument, alors que son cerveau est habitué à des villes littéralement quadrillées, avec des rues qui se coupent à angle droit.

Les superbes monuments, l'écriture, les rituels du monde arabo-islamique qui règlent les activités de chacun du lever au coucher font appel simultanément aux approches des deux hémisphères (méthode, contrôle, créativité, échange). Pour autant, le monde arabe peut demeurer abscons aux Américains et aux Européens, car la relation au temps n'est pas la même.

Les cultures orientées vers l'avenir comme celles des États-Unis veulent entendre parler des possibilités, des opportunités offertes par un produit tandis que les publics orientés vers le passé (Inde, Chine) vont accorder leur confiance à un projet du fait de réalisations passées.

Voilà pourquoi, en entreprise, des malentendus peuvent survenir entre des équipes de pays différents dont la culture comprend des valeurs inconscientes et néanmoins bien ancrées.

SE FAIRE COMPRENDRE AVEC LE GPS-RELATIONNEL®

Comme nous venons de le démontrer par le fonctionnement de notre cerveau, il y a quatre façons de dire la même chose comme il y a quatre façons de la percevoir, de la comprendre. **Chacun aborde la vie avec un décodeur différent.** Ainsi, il est courant d'entendre dire çà et là que c'est de la faute de l'autre qui ne comprend rien, alors que cet « autre » n'a vraisemblablement pas plus tort ni raison. Simplement, un profil CD/VISUALISER accordera de l'importance à l'originalité et à l'avenir associés à un message, quand un profil CG/DÉMONTRER verra d'emblée l'absence ou la présence d'arguments rationnels, chiffrés. Cette différence est souvent la première source d'incompréhension entre deux personnes, pouvant mener au conflit, alors qu'une meilleure compréhension du fonctionnement d'autrui est porteuse de tolérance et d'acceptation de la différence. La clé de l'harmonie de la relation est d'avoir le sentiment d'être compris et de se faire comprendre.

En comprenant et en acceptant l'idée que l'autre voit peut-être tel ou tel sujet différemment de nous, nous admettons que nous devons adapter notre discours aux quatre façons de percevoir une information. Tous nos messages, que nous soyons émetteurs ou récepteurs, sont filtrés par nos préférences cérébrales.

> Trois règles d'or en communication : accepter l'autre, le comprendre, le respecter.

Nous faisons souvent une erreur fondamentale en nous adressant aux autres comme nous aimerions qu'ils nous parlent. Or, les autres veulent aussi que nous leur parlions comme ils le souhaitent. Chacun attend de son interlocuteur, inconsciemment, qu'il s'adapte à lui.

Il ne s'agit pas de manipuler, mais simplement d'entrer dans le fonctionnement cérébral de son interlocuteur, sans s'arrêter aux apparences (d'où l'utilisation du langage universel du « **G**uide **P**références **S**imultanées » pages 104-105, afin de donner les arguments des quatre préférences cérébrales à chaque fois.

Comment s'expriment les quatre préférences ?

Profitez d'un week-end entre amis, d'une réunion de travail, d'un dîner de famille pour écouter comment s'exprime votre entourage. Il est surprenant de constater que les préférences cérébrales se révèlent simplement lors de paroles et d'échanges spontanés.

Voici comment les reconnaître :

- **Le profil dominant en CG/DÉMONTRER :**

Le profil dominant en CG/DÉMONTRER est d'une grande rigueur intellectuelle. Il privilégie les informations brèves et précises. Il analyse, tel un scanner, toutes les informations à sa disposition pour en extraire des idées, des messages présentés de façon claire et rationnelle. Il fait référence à la logique qu'il affectionne, parle de faits concrets et appuie ses démonstrations de raisonnements, en apportant des précisions chiffrées, financières, statistiques.

Au risque de négliger la probabilité de solutions alternatives et l'aspect relationnel, le lien, les sentiments nécessaires à tout rapport humain, ce qui nous différencie d'une machine. La notion de partage lui est assez étrangère.

- **Le profil dominant en CD/VISUALISER :**

Le profil dominant en CD/VISUALISER est créatif et visionnaire. En stratège, il aborde les choses avec une vision globale, aime replacer les éléments dans un cadre général. À la fois intuitif et synthétique, il est plein d'imagination, accorde de l'importance aux nouvelles idées, à l'innovation et s'exprime d'abord en envisageant l'avenir. Ses propos sont ceux d'un esprit libre, d'un chercheur, d'un entrepreneur, d'un créateur.

Il va délaisser les faits et les chiffres. Organisation, planification, ordre du jour, « to do list » l'ennuient au plus haut point. Tout comme l'aspect pratique, les détails. Et dans la vie en société, il n'est pas forcément tourné vers les autres.

- **Le profil dominant en LG/CONCRÉTISER :**

Le profil dominant en LG/CONCRÉTISER est pragmatique et conservateur. Il traite tout avec méthode et minutie. Chronologie des faits, historique, il s'attache de façon détaillée aux preuves qui permettent de vérifier, contrôler et concrétiser une situation, un déroulement. Il envisage les risques, s'assure de la fiabilité du matériel, des personnes et s'intéresse toujours à la forme que vont prendre les événements, à leur faisabilité. On peut avoir totalement confiance, c'est l'expert qualité.

Avec l'attention portée aux détails, il perd en approche et vision globale et néglige son rapport à l'autre et l'implication des personnes. Il a besoin d'être rassuré par des preuves et faits.

- **Le profil dominant en LD/ÉCHANGER :**

Le profil dominant en LD/ÉCHANGER est sociable. Il donne priorité à la relation et aux sentiments tout en étant pédagogue et perspicace. Il apprécie les face à face comme les discussions de groupe. Toujours à l'écoute, il prend en considération les propos et besoins des personnes qui l'entourent et le cas échéant des absents. Il exprime ce qu'il ressent et le partage.

De fait, son approche sensible l'éloigne de toute logique déductive. Il ne s'exprime pas en termes de preuves, méthodologie et organisation, mais de reconnaissance.

Prenons un exemple : une personne informe un groupe de ses amis de son intention d'organiser un week-end commun. Pour étayer ses propos, voici comment il pourrait s'exprimer en fonction de son profil dominant :

• **Le profil dominant en CG/DÉMONTRER dira :**
« Pour ce week-end à venir, j'ai analysé nos comportements, nous avons les mêmes moyens financiers, tout paraît s'emboîter logiquement, c'est une expérience qui enrichira notre amitié. »

• **Le profil dominant en CD/VISUALISER dira :**
« Ce week-end, ce sera un voyage merveilleux où nous pourrons laisser libre cours à nos envies. »

• **Le profil dominant en LG/CONCRÉTISER dira :**
« Pour ce week-end, j'ai déjà tout planifié, organisé, vérifié la fiabilité de la compagnie aérienne ; nous pouvons partir tranquilles. »

• **Le profil dominant en LD/ÉCHANGER dira :**
« Durant ce week-end, nous allons enfin pouvoir nous retrouver, échanger, passer du bon temps ensemble. »
Si la personne n'y prend pas garde, elle ne va toucher que les amis dont le profil cérébral est similaire et risque de ne pas motiver les autres qui ont une autre grille de lecture. Aussi, lorsque nous ignorons à qui nous avons affaire et pour être sûr que chacun se sente compris et concerné, il nous faut dans nos propos intégrer les quatre approches à chaque fois.

Pour illustrer ces quatre façons d'exprimer les préférences, je vous raconte une scène à laquelle j'ai assisté alors que je visitais un salon d'art contemporain avec un couple d'amis, dont je connaissais très bien les profils pour avoir déterminé leurs empreintes cérébrales.

Ils se sont simultanément et spontanément arrêtés devant une œuvre. Elle, avec une double dominance CD/VISUALISER et LD/ÉCHANGER, m'a dit : « J'aimerais tellement avoir ce tableau, je vois déjà exactement où le mettre chez moi. » Son mari, au profil majeur cerveau gauche avec la préférence LG/CONCRÉTISER, a pris le temps de regarder le tableau et a abordé la situation de la façon suivante : il s'est d'abord renseigné sur la cote de l'artiste (LG/CONCRÉTISER) puis a cherché la validation grâce au certificat d'authenticité, et, par rapport au prix affiché, la possibilité de le revendre sur le marché (CG/DÉMONTRER). Dans un troisième temps, il s'est demandé s'il l'aimait vraiment et si cela lui ferait plaisir de l'avoir chez eux, pour enfin aller voir l'artiste et lui demander : « Ce tableau m'intéresse, quel prix me feriez-vous ? »

J'ai vu son épouse heureuse de la conclusion ! Mais lui a abouti à la décision d'acheter en utilisant successivement les quatre préférences cérébrales dans son ordre à lui, tandis qu'elle a ressenti uniquement avec le cerveau droit et ses deux préférences (LD/ÉCHANGER) parce qu'il lui plaisait et CD/VISUALISER, parce qu'elle le voyait déjà chez elle, sans même s'interroger sur les preuves d'authenticité et sa valeur par rapport au marché. L'émotion suscitée par l'œuvre et le plaisir de l'avoir chez elle d'abord !

Comment s'exprimer pour toucher les quatre préférences en même temps ?

Spontanément, nous parlons dans notre préférence cérébrale majeure. Pour toucher les différents profils et communiquer de façon efficace, nous devons adresser notre discours aux quatre préférences.

POUR ÊTRE COMPRIS ET ENTENDU PAR UN PROFIL DOMINANT CG/DÉMONTRER

>> Le motiver, le convaincre, l'attirer par le gain : allez au fond des choses !

Avec un profil CG/DÉMONTRER, il vous faut démontrer. En vous concentrant sur les faits, abordez le sujet par la logique et précisez successivement chaque option, avec le cas échéant les causes et les effets, le pour et le contre. Faites directement le lien entre ce que vous avancez et ce qu'il recherche. En utilisant un vocabulaire concret et faisant appel à la logique et au raisonnement – car, parce que, par conséquent, donc... –, vous êtes sûr de rester dans son univers factuel.

Exprimez-vous de manière précise, claire et réaliste. Quantifiez vos propos, étayez techniquement vos arguments. Une attitude calme participe à son écoute attentive. Sa première interrogation est « Quoi ? », d'où l'intérêt d'entrer dans sa préférence par la logique et les faits.

POUR ÊTRE COMPRIS ET ENTENDU PAR UN PROFIL DOMINANT CD/VISUALISER

>> Le motiver, le convaincre : stimulez-le !

Avec un profil CD/VISUALISER, profil conceptuel attiré par les idées, il s'agit avant tout d'aborder un sujet de façon globale et pour communiquer, de faire preuve d'imagination et d'originalité. Il est plus tourné vers le futur et le présent que vers le passé. Il pense « pourquoi ? », voire « pourquoi pas ? ».

Parlez-lui expérimentation, opportunités, apportez de nouvelles perspectives. L'échange libre, sans plan ne le contrarie pas, au contraire, il aime les discussions à bâtons rompus, les juxtapositions d'idées, les rapprochements entre différents domaines. Visuel, il est sensible au vocabulaire imagé, aux métaphores.

Il apprécie les approches globales et synthétiques. Il n'aime pas les longueurs et préfère donc un bon schéma à un long discours. Il est séduit par l'enthousiasme de ses interlocuteurs pour son idée.

POUR ÊTRE COMPRIS ET ENTENDU PAR UN PROFIL DOMINANT LG/CONCRÉTISER

>> Le motiver, le convaincre : prouvez !

Avec un profil LG/CONCRÉTISER, préparez votre rencontre, quel que soit le type de relation ou le sujet abordé. Il s'agit d'apporter des preuves et de sécuriser les propos, d'autant que la personne cherchera à CONCRÉTISER par la suite si un doute ou une faille se font jour.

Adoptez un plan précis, annoncez-le, procédez étape par étape en développant chacun des arguments avec minutie. Si vous citez vos références et vos sources et si vous évitez toute considération idéologique, il vous comprendra instantanément et restera dans l'écoute.

Le LG/CONCRÉTISER est fidèle à ses valeurs, respecte les règles, les directives. Son esprit conservateur fait qu'il accorde de l'importance aux expériences passées. Il entend plus facilement un vocabulaire rationnel et pragmatique répondant à la question « Comment ? ». Il est adepte des plannings, des procédures, de l'organisation par étape et vous retiendrez toute son attention en utilisant des locutions du type « dans un premier temps », « dans un second temps », etc.

POUR ÊTRE COMPRIS ET ENTENDU PAR UN PROFIL DOMINANT LD/ÉCHANGER

>> Le motiver, le convaincre : impliquez-le !

Avec un profil LD/ÉCHANGER, privilégiez le relationnel et les sentiments. Il est sensible à l'écoute que vous allez lui accorder, aux attitudes chaleureuses et enthousiastes, au langage franc, direct, voire familier. Dans tout ce que vous abordez, évoquez « les personnes » : soit les avantages qu'elles vont trouver à une situation, soit celles qui pourraient témoigner, soit celles qui prendraient part au projet, pour appuyer vos propos. Si, en lui parlant, vous répondez spontanément aux premières questions qui lui viennent à l'esprit

– Pour qui ? Avec qui ? Qui est concerné ? –, alors vous retiendrez toute son attention et construirez une relation de confiance. Il s'exprime d'ailleurs en termes d'équipe, de famille, de groupe, il pense « avec qui ou pour qui » ; donc, pour le séduire, il s'agit d'adopter le même comportement.

Des expressions comme : « j'ai l'impression », « c'est mon sentiment » ou encore « je le fais pour vous ! », « ton idée est géniale » le rassurent quant à la complicité dont il a besoin et sur sa quête d'harmonie et de reconnaissance.

En apprenant à utiliser simultanément les arguments des quatre préférences cérébrales, en adaptant votre langage, vous acquerrez la capacité à communiquer de façon optimale tout en respectant votre propre identité.

Le but ultime est de faciliter la compréhension du message, de le rendre accessible et d'éviter à l'autre de faire l'effort d'entrer dans votre logique (parce qu'il ne le fera pas, de toute façon).

Et comme vous ne connaissez pas les préférences cérébrales des personnes qui vous écoutent, et que vous n'êtes pas devin, parlez au cerveau total et vous ferez mouche à chaque fois en utilisant le **G**uide **P**références **S**imultanées, ci-après.

Synthèse des quatre façons de le dire : le tableau du langage universel « Guide Préférences Simultanées »

Le GPS-Relationnel®, c'est la possibilité d'adopter un langage commun, **une langue universelle, en s'appropriant les « quatre façons de le dire en même temps », soit une communication absolue. GPS ou... G**uide **P**références **S**imultanées !

Tout l'art de la communication est de pouvoir donner en même temps, à niveau égal, les arguments des quatre préférences, ce qui permet d'entrer littéralement en communication avec qui que ce soit.

Voici, synthétisées, les caractéristiques de chaque préférence cérébrale :

Le GPS-Relationnel® : le tableau du langage universel des « 4 façons de le dire »

HÉMISPHÈRE GAUCHE

	CORTICAL GAUCHE	QUOI ? Les faits – La logique DÉMONTRER
SOI-MÊME	Son raisonnement	L'argumentation, la logique en action.
SOI-MÊME	Sa perception de la situation	Explore des stratégies à objectifs fixés.
SOI-MÊME	Son approche mentale	Raisonne et organise. Fait preuve de bon sens. Dirige. Tire des conclusions. Exact, cohérent.
AVEC L'AUTRE	1. Comment agir avec l'autre	Utiliser la logique, les faits. Rechercher les causes et les effets. Analyser les éléments ensemble. Établir le pour et le contre. Être patient.
AVEC L'AUTRE	2. Comportement à avoir	Rationnel et logique. Étudier le mécanisme, le fonctionnement. Diviser, séparer, être méthodique. Non émotif. Linéaire.
AVEC L'AUTRE	3. Langage à tenir	Discours articulé en séquences. Vocabulaire concret et technique. Clarifier, détailler, « Parce que », « Par conséquent »...

	LIMBIQUE GAUCHE	COMMENT ? Les preuves – La forme CONCRÉTISER
SOI-MÊME	Son raisonnement	Fait parler les faits.
SOI-MÊME	Sa perception de la situation	Informer, clarifier, contrôler, vérifier.
SOI-MÊME	Son approche mentale	Organise. Exige des preuves. Connaît le dossier à fond et partage cette connaissance. Neutralité dans la présentation des faits. Mémorise ce qui est dit, fait référence.
AVEC L'AUTRE	1. Comment agir avec l'autre	Respecter les règles, les procédures, les principes. Rassurer. S'appuyer sur des éléments factuels, précis.
AVEC L'AUTRE	2. Comportement à avoir	Proposer des objectifs réalistes. Être concret, qualifier, quantifier. S'intéresser aux détails, aux normes. Se concentrer sur le présent.
AVEC L'AUTRE	3. Langage à tenir	Discours cumulatif et exhaustif. Procéder par ordre. Suivre un plan. Expliquer, préciser (faits, chiffres). « Au cas où », « et si »...

Le « Guide Préférences Simultanées »

HÉMISPHÈRE DROIT

CORTICAL DROIT	POURQUOI ? La vision – La créativité VISUALISER
Son raisonnement	Persuade grâce à l'imagination, à la créativité.
Sa perception de la situation	Identifie ou formule des objectifs ou des projets.
Son approche mentale	Voit l'ensemble, identifie l'essentiel. Se projette dans l'avenir, propose des idées. Va au-delà des faits, est imaginatif. Passe d'un sujet à l'autre.
1. Comment agir avec l'autre	Se concentrer sur l'ensemble de la situation. Saisir les opportunités. Utiliser l'imagination de l'autre. Réagir très vite. Se garder une porte de sortie.
2. Comportement à avoir	Sortir des sentiers battus, des plans précis. Esprit déductif et rapide. Se montrer créatif, enthousiaste, enjoliver.
3. Langage à tenir	Discours synthétique : concepts, idées. Phrases courtes et percutantes. Variété des rythmes. Vocabulaire imagé : métaphore, analogie.

AVEC L'AUTRE SOI-MÊME

LIMBIQUE DROIT	QUI ? Empathie – Relation à l'autre ÉCHANGER
Son raisonnement	Recherche du consensus.
Sa perception de la situation	Créer une relation.
Son approche mentale	Besoin de reconnaissance. Interprète les faits selon ses propres critères. Montre son accord, son désaccord. Utilise l'affectivité et l'émotion. Propose des compromis.
1. Comment agir avec l'autre	Établir une bonne relation de départ. Identifier ses valeurs et s'y ajuster, lui donner confiance. Être prêt à l'échange, au compromis. Utiliser l'affectivité.
2. Comportement à avoir	Écouter, prendre en compte le ressenti. Montrer de l'émotion. Gratifier. Être démonstratif, chaleureux. Respecter sa susceptibilité.
3. Langage à tenir	Discours déclaratif. Implication de la personne. Utilise des pronoms possessifs/interjections : « J'adore ! Je te fais confiance »...

AVEC L'AUTRE SOI-MÊME

APPLICATIONS DANS LA VIE QUOTIDIENNE

Notre manière de penser dépend de l'ordre dans lequel nous utilisons nos quatre préférences cérébrales et de l'énergie que cela nous prend d'aller de l'une à l'autre.

Toute personne utilise ses quatre préférences mais les sollicite selon son histoire, le contexte, son milieu social et professionnel avec des intensités variables, dans un ordre et des proportions qui lui sont propres. Notre personnalité dépend en amont, comme vous l'avez compris, de l'ordre et de la proportion de nos quatre préférences cérébrales.

Quand l'environnement ignore notre façon de fonctionner (et nous fait faire les « mauvais » choix)

Si nous naissons tous avec une empreinte cérébrale unique, nous sommes dès notre naissance, soumis aux prescriptions plus ou moins verbalisées et néanmoins directes d'une famille, d'une éducation, d'un environnement culturel. Il est étonnant de remarquer combien parfois l'éducation (surtout) peut nous brider, jusqu'au jour où un mal-être omniprésent nous en fait prendre conscience.

En voici deux illustrations :

Lors d'ateliers Expérience GPS-Relationnel®, le résultat du test d'une participante révèle chez elle un rapport à la négociation hors du commun, une grande aisance avec les chiffres, la logique, le calcul qui a priori sont synonymes dans leur pratique d'une grande satisfaction, de plaisir. Lorsque je lui dis qu'elle doit être une extraordinaire négociatrice, elle me regarde, très surprise, et me répond d'emblée : « Absolument pas et je n'ai jamais négocié de ma vie, cela ne m'intéresse pas. » Je suis interloquée, car depuis plus de dix ans de pratique du GPS-Relationnel®, jamais je n'ai eu de réaction aussi vive et un résultat qui ne correspond pas à la personne.

Ses propos me laissent très perplexe. Heureusement, l'atelier fini, elle revient me voir et me dit tranquillement : « J'ai réfléchi à ce que vous m'avez dit. En réalité, j'ai été élevée dans une famille où l'on m'a toujours dit qu'une femme ne doit pas parler d'argent ! »

Intelligente, dotée de grandes aptitudes intellectuelles, elle avait fait de brillantes études – une grande école de commerce –, en se spécialisant dans la finance pour se faire plaisir sur la partie chiffrée correspondant à ses préférences cérébrales cerveau gauche (CG/DÉMONTRER et LG/CONCRÉTISER).

Lors de l'atelier, elle a pris conscience de son blocage affectif, qu'elle a pu lever en consultant un coach professionnel. En deux mois, sa problématique a été réglée ; elle a enrichi sa carrière en exerçant aussi son talent extraordinaire de négociatrice.

Voici un autre parcours, celui de Vassila Boukhlef.

Vassila Boukhlef, 43 ans
Associée Cabinet de Conseil
Danseuse

Logique Créatif

CG/DÉMONTRER	CD/VISUALISER M
M LG/CONCRÉTISER	LD/ÉCHANGER

Hémisphère droit : créatif
Préférence majeure : double, LG/CONCRÉTISER et CD/VISUALISER

L'empreinte cérébrale de Vassila Boukhlef est marquée par une dominance de l'hémisphère droit (la vision, le global) et du limbique gauche (l'organisation, le savoir-faire). Élève puis étudiante brillante, elle intègre l'ESSEC puis un grand cabinet d'audit et de conseil dans le département « Conseil en transactions ». Dix ans plus tard, devenue associée, elle dirige des missions de fusion/acquisition, cession ou restructuration pour de grands groupes.

Entre l'organisation millimétrée que lui impose son métier et le temps heureux qu'elle consacre à sa famille, elle parvient à glisser des cours de danse, discipline bien-aimée qu'elle a toujours su préserver, et la lecture, de façon parfois boulimique.

Elle a quarante ans et vient d'avoir son troisième enfant lorsque l'événement suivant se produit. Alors qu'elle s'autorise une pause salutaire dans son bureau, elle est en train de lire ce jour-là *L'Homme sans qualités* de Robert Musil, quand un collaborateur entre de façon impromptue. Sa réaction va très vite la faire réfléchir. En effet, elle cache précipitamment le livre sous son bureau et répond à son interlocuteur !

De nouveau seule dans son bureau, elle est plongée dans une grande perplexité et s'interroge sur son sentiment de culpabilité – pourquoi a-t-elle caché ce livre ? – alors qu'elle est une des têtes de cette entreprise et qu'elle y consacre depuis plus de dix ans une énergie sans bornes. La réponse lui vient très vite : elle s'ennuie.

Du fond d'elle-même, le plaisir qui a toujours été le sien – la danse – refait surface. Méthodique (Limbique Gauche), elle revend ses parts, et prend durant trois ans, à raison de vingt heures par semaine, des cours avec des danseurs de tous horizons. L'exigence physique est extrême – elle n'a plus vingt ans – mais elle fait ce qu'elle aime et maîtrise alors suffisamment le sujet pour mettre à profit ses heures d'entraînement et se projeter en tant que professeure. Elle passe les diplômes requis et ouvre son propre studio de danse. Elle qui avait déjà su former, intéresser des collaborateurs au métier du conseil en fusion-acquisition, redécouvre le plaisir d'enseigner et de transmettre, cette fois-ci dans une discipline à la dimension artistique et qui a toujours été sa passion.

Étonnant ? Non... Dans la première partie de sa vie, elle a dirigé d'importantes missions de conseil (majeure dans la vision et la créativité nécessaire à l'entrepreneur) tout en mettant en œuvre son sens aigu de l'organisation et de la méthode (LG/CONCRÉTISER). Son environnement social, éducatif, sa capacité à faire des études l'ont dirigée un peu mécaniquement vers une grande école de commerce puis vers le conseil et la finance. La matière qu'elle y travaille – les chiffres – l'ennuie. Dans sa seconde vie, elle applique finalement le même fonctionnement : vision, maîtrise, organisation, rigueur, mais cette fois, à ce qu'elle aime. Qui sait ? Une troisième vie l'attend peut-être : quelle que soit l'idée, le domaine d'activité sera source de plaisir et elle mettra tout en œuvre pour savoir-faire, maîtriser et partager.

Ainsi, le cadre familial, son histoire, ses valeurs ont souvent une grande incidence sur les premiers choix de vie. Si votre profil cérébral est en adéquation avec l'environnement qui vous structure les quinze, vingt premières années de votre vie, la probabilité que vous soyez heureux dans ce que vous faites est grande. Mais si ce même environnement est contraignant au point de vous imposer son mode de fonctionnement malgré ce que vous êtes (votre identité cérébrale), alors viendra le jour où, devenu totalement indépendant, vous vous remettrez en cause et emprunterez un autre chemin, celui où vous trouverez le plus de plaisir.

Et si l'on entend parfois qualifier ces changements de vie de « courageux », parce qu'ils apparaissent aux yeux de la société comme tels, il n'en est rien : ces personnes dont on entend beaucoup parler dans les magazines sous des titres accrocheurs (« Ils ont changé de vie ! ») appliquent les mêmes modes de fonctionnement à un autre domaine d'activité (par exemple, une cadre bancaire ouvre un restaurant avec ses frères) et se mettent en phase avec leurs préférences cérébrales.

Le GPS-Relationnel® et l'entourage

Le GPS-Relationnel® s'avère être un outil précieux de compréhension du mode de fonctionnement de notre entourage, qu'il soit familial, amical, sentimental ou professionnel. Si certaines relations sont choisies (ami, amour), les relations familiales et professionnelles le sont beaucoup moins.

DANS LE CADRE FAMILIAL

Vénérée par certains, honnie par d'autres, la famille se définit pourtant très simplement : « Ensemble formé par le père, la mère (ou l'un des deux) et les enfants – Ensemble des personnes unies par un lien de parenté ou d'alliance – Ensemble des générations successives descendant des mêmes ancêtres ; lignée. » (Dictionnaire Larousse.)

Style de relations : non choisies

La complexité du lien familial tient en sa part d'héritage inconscient, à l'affection entre ses membres et au besoin d'appartenance au groupe qui nous accueille à notre naissance et dans un premier temps nous protège. Ce premier lien qui rattache à la mère conditionne notre vision du monde et constitue un point de référence à partir duquel chacun prend son indépendance.

Or, si ce groupe est certes normalement protecteur, on ne choisit pas ses membres, comme on ne choisit pas ses préférences cérébrales. Il faut donc composer ! Composer avec ce que nous sommes et ce que sont les autres, en amont de toute influence familiale. Comme personne n'a vraiment envie de changer (et ne peut même fondamentalement changer), connaître son empreinte cérébrale permet de prendre du recul, tant vis-à-vis de ses réactions propres que de celles des autres, et d'adapter ses propos et la formulation des messages pour qu'ils soient compris de tous.

Les fêtes familiales (Noël, anniversaires, mariages, etc.) sont autant d'occasions d'observer parents, frères, sœurs, cousins, cousines, et autres « pièces rapportées » ou nouveaux venus de familles recomposées. Malgré ce fil rouge qui nous lie et nous réunit, une même annonce peut être interprétée de façon totalement différente selon la façon dont elle est formulée et selon la personne qui la reçoit. Si ce même message est transmis en intégrant les quatre façons de le dire, alors chacun se sentira concerné et le groupe gagnera en cohésion. Cela n'empêche pas les désaccords mais contribue à une meilleure compréhension. Et comme on ne choisit pas sa famille... savoir comment fonctionne l'autre peut faire en sorte qu'une situation s'apaise. C'est encore plus nécessaire lors d'événements douloureux comme les décès, qui peuvent faire naître des situations conflictuelles notamment lors des successions et partages. Et pour cela, il faut connaître ses préférences cérébrales !

Cela aurait bien aidé cette mère de famille élevant ses trois filles (trois ans d'écart entre elles) avec son mari. Un couple « classique » des années 1980 : monsieur travaille, madame élève les enfants, s'occupe très bien de la maison, gère l'organisation du foyer.

Mais entre la mère et la fille cadette, les tensions sont récurrentes, parfois les cris fusent, laissant l'une et l'autre autant en colère qu'envahies par un sentiment d'incompréhension. Excédée, quasiment convaincue que l'attitude de sa fille relève d'une pathologie « psy » – ce qui ne remettrait pas en cause son rôle et sa capacité à être une « bonne mère » –, elle se résout à prendre rendez-vous chez le médecin alors que sa fille a quatorze ans. Le praticien, qui suit la famille depuis plusieurs années, connaît bien les deux protagonistes. Il écoute ; pour la bonne forme, ausculte la jeune fille : poids, taille, tension, oreilles, cœur... Tout est normal.

Verdict : « Madame, votre fille va très bien. Il faut simplement admettre qu'elle ne fonctionne pas comme vous ! »

Que n'avait-il pas dit ?! Le diagnostic était en quelque sorte posé, sans qu'une solution, aussi simple soit-elle, soit formulée. Si seulement elles avaient connu le GPS-Relationnel®...

Nous avons retrouvé cette famille et le résultat de leurs tests nous éclaire : elles ne parlaient pas la même langue !

LA MÈRE

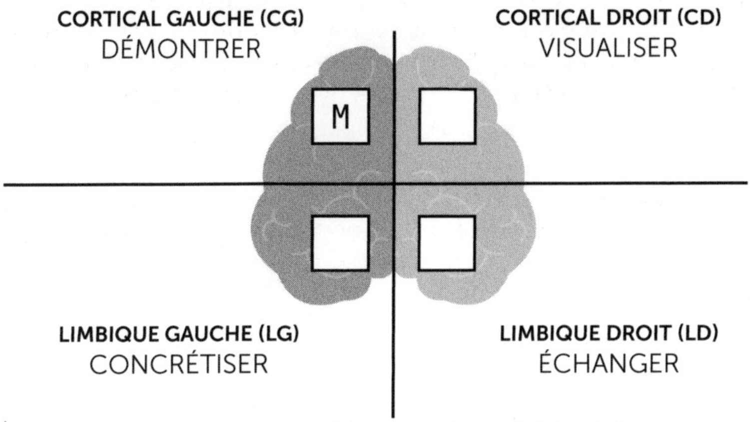

Majeur Hémisphère gauche = LOGIQUE

LA FILLE

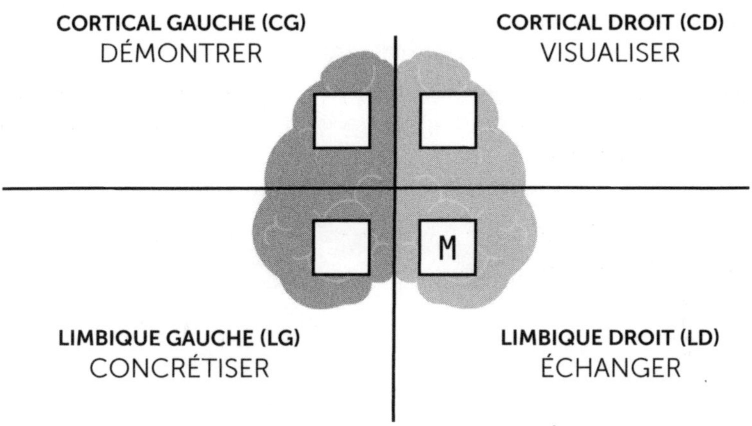

Majeur Hémisphère droit = CRÉATIF

- La mère, « majeure à gauche »/LOGIQUE, parle d'abord de façon rationnelle, analyse, contrôle quand sa fille, « majeure à droite »/CRÉATIVE recherche la relation à autrui, aime les discussions à bâtons rompus et pense avenir, projets. La première est dans l'instant présent, la seconde est dans le futur.
- Il n'aurait pas fallu de gros efforts à la mère pour être comprise par sa fille, car la différence entre ses préférences gauches et droites n'est jamais supérieure à 30 %, donc ne la fatigue pas.
- En revanche, pour l'adolescente de l'époque, cela aurait demandé beaucoup d'énergie de se faire comprendre par sa mère, car l'écart entre ses préférences gauches et droites était de plus de 50 %. Cela aurait supposé des rapports de force.

Si seulement mère et fille avaient pu et su utiliser le langage des quatre préférences cérébrales (tableau pages 104-105), que de tensions auraient pu être évitées...

DANS LE CADRE AMICAL

Par définition, l'amitié est un sentiment réciproque d'affection, de sympathie, un attachement mutuel entre deux personnes.

Style de relations : choisies, désintéressées, sans sexualité

Toute rencontre d'ordre amical se produit a priori dans un cadre social : loisirs, études, travail, pratique religieuse, culturelle, activité sportive, lieu de vacances...

Ce lien amical, dans un domaine où l'on se retrouve avec plaisir (danse, sport, Scrabble, voyage, poterie, chant, lecture...), est basé sur des règles tacites : confiance, bienveillance, honnêteté, respect, écoute, engagement. La relation est généreuse, désintéressée et saine.

Que nous dit le GPS-Relationnel® des relations amicales ?

Comme les amitiés se nouent souvent autour d'une passion commune, les deux personnes se sentent accueillies et comprises. Comme dans un couple (sans la sexualité), on remarque que la relation à l'autre apporte à chacun une complémentarité. C'est un enrichissement mutuel. Le majeur de l'un est automatiquement dans le mineur de l'autre. Si on a toujours besoin d'être rassuré, on ira plus volontiers vers quelqu'un qui osera et prendra des risques, c'est un échange qui enrichira les deux parties.

Il en est ainsi d'une amie vers qui je me tourne quand je dois faire des choix. Je sais qu'elle analysera avec logique et froideur la situation sans prendre en compte mes états d'âme. Elle m'éclairera dans ma façon d'analyser, ensuite j'agirai en suivant mon propre avis. Elle m'est d'une grande aide. Je sais que de son côté, elle aime venir me parler quand elle veut innover ou changer de routine. J'attends d'elle qu'elle me donne son avis logique pour avancer. L'une et l'autre, nous nous épaulons avec générosité, en laissant l'autre libre de ses choix.

Il est d'ailleurs intéressant de noter que des citations connues sur l'amitié font état de ce binôme qui ne forme qu'un.

Le philosophe Michel de Montaigne, pour exprimer ce sentiment envers son ami Étienne de la Boétie en 1558, a dit : « Parce que c'était lui, parce que c'était moi », tout comme « L'amitié se nourrit de communication ». Aristote a déclaré que « L'amitié est une âme en deux corps » ; Honoré de Balzac, « L'égoïsme est le poison de l'amitié », ou encore Michel Tournier : « La grande différence entre l'amour et l'amitié, c'est qu'il ne peut y avoir d'amitié sans réciprocité ».

C'est bien pour cela qu'un copain, une copine n'est pas un·e ami·e, et inversement ! Avec le premier, le copain, on partage des instants, des fêtes, et on se quitte ; avec l'ami, on est inconsciemment complémentaire, c'est ce lien invisible à l'œil nu qui est à ce point indéfectible que ni le temps ni l'éloignement ne peuvent le détruire. Seule une trahison peut créer une rupture.

***Les réseaux sociaux :**

Les réseaux sociaux ont depuis quelques années galvaudé auprès des plus jeunes générations ce terme « d'ami », utilisé dès lors que quelqu'un vous accepte dans son réseau virtuel. On ne devrait pas le qualifier d'« ami », mais de « copain » ou de « relation », car nous ne sommes pas dans une relation intime.

Il y a deux situations au regard de ce que nous appelons aujourd'hui les « réseaux sociaux » :

- Soit nous avons déjà un ami intime et nous utilisons ces réseaux comme support complémentaire de communication avec lui (Instagram, Facebook, Messenger... et pour le travail, LinkedIn, notamment), ce qui est rapide et efficace.

- Soit le réseau nous met en lien avec un copain/une relation et nous tentons une approche en nous servant par exemple de « like » et du réseau en l'acceptant comme « ami », alors qu'il ne devrait pas avoir ce qualificatif, mais celui de « relation ». La vie peut faire que cette personne devienne un ami au sens propre du terme, mais cela ne pourra se faire que dans un second temps.

Il faut savoir que les géants de l'Internet conçoivent savamment leurs interfaces pour que le cerveau, de façon inconsciente, clique à gauche automatiquement et le range dans le cerveau comme lorsque vous attribuez un « like » à un « vrai ami ». Nous sommes victimes d'une grande manipulation.

Ces réseaux permettent néanmoins de maintenir un lien entre les personnes, lien qui perdurera plus ou moins au gré des échanges ou opportunités partagés dans le temps.

Si l'utilisation du mot « ami » peut ici être remise en cause, la notion de réseau existe depuis toujours. Club service (Rotary, Lions Club, Table Ronde...), syndicats, Compagnons du Devoir, francs-maçons, clubs Alumni, « classes » de dizaine... Finalement, la démarche reste la même, seul le support a changé. Et si l'on peut avoir des amis dans un de ces réseaux, difficile de nier que beaucoup y sont par intérêt... Mais dans les clubs cités ici, chacun est introduit par quelqu'un qu'il connaît déjà intimement, un vrai ami, donc la relation est autre dès le début, d'où la différence avec les réseaux sociaux.

Les relations amicales au travail ?

Nous venons de les évoquer, les relations amicales sont avant tout désintéressées et sans aucune recherche d'opportunités.

Il nous a paru intéressant de choisir quelqu'un dans l'univers de la télévision, où pour bien faire son métier, il faut avoir un rapport amical et être très proche des personnes de l'entourage. Comment distinguer la limite entre le rapport professionnel et le rapport amical ?

Alexia Laroche-Joubert a bien voulu se prêter à cet exercice. Mais regardons d'abord son profil pour voir son fonctionnement

Alexia Laroche-Joubert
Productrice TV
(*Loft Story, Star Academy, Koh-Lanta, Fort Boyard, Miss France…*)

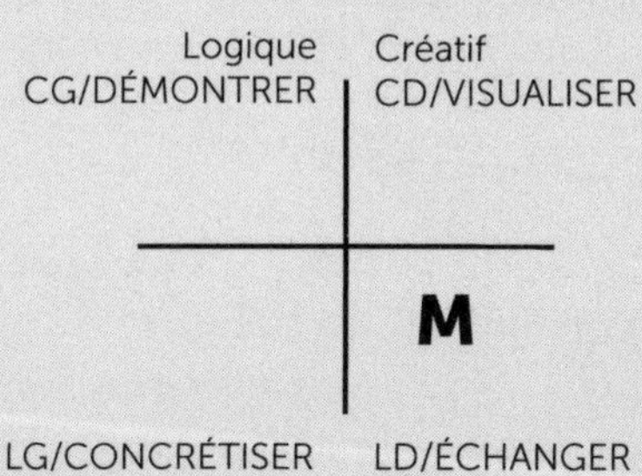

Hémisphère droit : créatif
Préférence majeure : LD/ÉCHANGER

Dans son enfance, Alexia a ressenti une très grande solitude. Souvent, elle se mettait à la fenêtre pour regarder la vie des gens et se sentir moins seule. Son besoin de lien s'est probablement créé à partir de ce manque.
À l'école, dyslexique, elle a rencontré d'énormes difficultés d'apprentissage. Pour autant, elle a apprécié l'école, et surtout les relations d'amitié qui s'y sont nouées.

Pour ses études, elle a choisi la filière en droit des affaires et propriété intellectuelle. À travers les cas pratiques étudiés, elle se confrontait aux difficultés de la vie des gens et des sociétés, une manière d'entrer dans leur intimité et d'en savoir plus sur la nature humaine.

Elle a débuté son parcours professionnel sur les chaînes du câble, avec Stéphane Paoli qui présentait une émission d'accueil quotidienne où des réalisateurs, comédiens, animateurs et producteurs venaient témoigner sur les programmes pour lesquels ils avaient travaillé, films ou émissions diffusés le soir même sur l'ensemble des chaînes.
Elle a rejoint Canal Plus en tant que journaliste, d'abord dans l'émission de Michel Denisot puis dans celle de Marc-Olivier Fogiel. Ce travail lui a appris la rigueur qui lui manquait. « Tout feu, tout flamme », elle dit d'elle qu'elle était comme dans une auberge espagnole alors qu'elle travaillait dans les tours de la Défense.

En 1997, elle a quitté le Groupe Canal Plus pour produire *Exclusif*, magazine people et culturel. C'est là qu'elle a rencontré son partenaire et associé jusqu'à ce jour, Stéphane Courbit. Ensemble, ils ont lancé la télé-réalité avec le phénomène *Loft Story* sur M6. À travers ce genre, considéré à l'époque comme voyeur, elle a allié sa curiosité des gens à son désir de produire. Adaptée du format hollandais *Big Brother*, cette émission a créé un tournant dans l'audiovisuel.

Forte de ce succès, elle a lancé et produit pendant sept ans la *Star Academy*, sur TF1.

Son tandem avec Stéphane Courbit, entrepreneur brillant et audacieux, aujourd'hui actionnaire de Banijay, premier groupe mondial de production, a pu racheter plusieurs sociétés propriétaires de marques aussi connues que Koh-Lanta, Fort Boyard, Miss France…

Dans le profil d'Alexia, on voit qu'elle est majeure cerveau droit, c'est-à-dire créativité et vision, et que son majeur est le limbique droit : communication, reconnaissance et lien.

Elle a la formidable capacité de prouver (limbique gauche) au même niveau que celle de démontrer (cortical gauche). Elle apporte aussi bien le raisonnement que les preuves.

Elle peut parler avec toutes les personnes qui aiment les chiffres, la finance, les tableaux ; elle peut convaincre sans aucun problème avec la logique.
En revanche, négocier lui coûte 40 % de son énergie. Sur sa capacité à manager, elle doit se méfier de son envie de faire à la place des autres, il lui faut donc autour d'elle des professionnels et des experts qui seront suffisamment crédibles à ses yeux pour qu'elle les laisse faire.

La conclusion de son test est qu'il ne faut pas tenir compte de ses capacités et expertises. En effet, elle peut se révéler compétente dans un rôle de marketing et de concrétisation, mais ces missions ne correspondraient pas à son premier plaisir : le lien et la reconnaissance.
Si on lui enlève la communication, elle perd alors son élan et son énergie.

La chance qu'elle a eue a été de trouver en Stéphane Courbit son alter ego dans le travail.
À eux deux, ils forment une équipe de choc : il prend les risques, les décisions, elle lui apporte les idées et les met en pratique. Il peut avoir une totale confiance en elle, puisqu'elle concrétise ses visions et vérifie tout. Elle n'aime pas négocier, lui adore, c'est un tandem parfait.
Leur complémentarité leur permet de s'accorder, chacun faisant sa part de travail dans ce qu'il aime le plus.

Revenons maintenant à la frontière étroite entre la relation amicale et la relation professionnelle. Il a été très intéressant d'entendre Alexia s'exprimer sur ce sujet.

Avant tout, elle aime avoir de très bonnes relations dans son travail, elle a beaucoup d'empathie, d'écoute, elle met à l'aise son interlocuteur et met en valeur ce qu'il a de meilleur en lui. En revanche, aussi amicale et attentionnée qu'elle soit, elle n'entretient en dehors du travail aucun contact avec ses supérieurs hiérarchiques ni avec ses collaborateurs, qui n'entrent pas dans sa sphère privée.

L'inverse également est vrai. Ses amis n'ont pas accès à son monde professionnel ou, si cela doit arriver, elle s'oblige immédiatement avec eux à une certaine distance.

Elle nous a ainsi confié un exemple : pour aider une de ses amies proches en difficulté professionnelle, elle l'a engagée. À partir de ce moment-là, elle a refusé de déjeuner ou d'avoir des contacts personnels avec elle et s'est comportée de la même façon avec elle qu'avec ses autres collègues.

C'est un peu comme un metteur en scène qui doit avoir une très grande proximité avec l'acteur pour bien le coacher, mais qui en même temps ne doit pas faire partie de sa vie.
Ou comme un psychiatre : soit il peut contourner la table et se mettre à côté de vous et pleurer sur votre malheur, mais dans ce cas il n'arrivera pas à vous aider, soit il reste en face de vous avec une certaine froideur et du recul, et peut alors vous aider par son professionnalisme.

DANS LE CADRE SENTIMENTAL

Une relation amoureuse est une relation entre deux personnes, fondée sur l'existence d'un sentiment amoureux partagé. Ce sentiment amoureux tient à l'attrait et à l'intimité sexuels qui n'existent pas dans le lien amical, un sentiment des plus puissants que l'être humain peut ressentir, ces fameux « petits papillons dans le ventre », un cœur qui bat plus vite, une forme d'euphorie associée à une certaine légèreté et le sentiment qu'on ne fera plus jamais rien sans l'autre. De façon inconsciente, la complémentarité apportée par l'autre séduit, comme deux morceaux d'un puzzle formant un tout.

Observez les couples autour de vous : l'un va volontiers faire ce que l'autre n'aime pas faire. L'être humain cherche toujours à aller plus loin dans ses capacités, donc à développer celles qu'il préfère, en laissant aux autres le soin de faire ce qu'il aime le moins. C'est un véritable instinct de survie pour le couple, la famille, la tribu, la société, l'espèce... Ce sentiment amoureux est tellement fort qu'il vous aide à accepter les différences, bouscule votre existence, vous fait accepter des changements auxquels vous n'aviez pas même pensé jusque-là, comme déménager, pénétrer des univers inconnus, rencontrer de nouvelles personnes.

Style de relations : liens choisis, avec sexualité

Cette complémentarité se retrouve dans les empreintes cérébrales mises au jour par le GPS-Relationnel®. Par exemple, une personne dont le majeur est dans le contrôle sera souvent avec une personne dont le majeur est dans l'échange ou l'innovation, le long terme.

Pourquoi, me demanderez-vous, des couples se forment-ils souvent pendant leurs études et font ensuite le même métier ? Parce qu'il y a une passion commune, certes, mais leur façon d'aborder leur métier sera différente. Prenons deux médecins chercheurs : l'un va adorer trouver une idée et la prouver par la suite, l'autre va d'abord bâtir un raisonnement, utiliser une logique déductive. Ils utiliseront l'un et l'autre les quatre préférences cérébrales, mais pas dans le même ordre et en commençant par celle qui leur procure le plus de plaisir. Autrement dit, le mineur de l'un est toujours dans le majeur de l'autre.

Saverio Tomasella, écrivain franco-suisse et docteur en psychologie, l'exprime ainsi dans un article paru en 2020 dans le magazine *Femme Actuelle* : « Dans une relation d'amour, on est tout le temps avec l'autre. On sait qu'on va grandir ensemble, on a des projets durables en commun. Les attentes sont plus profondes, plus engageantes et plus fortes, a priori, que dans une relation d'amitié. L'impact des disputes est d'ailleurs bien souvent plus fort lorsque le sentiment amoureux fait partie de l'équation.

En amitié, c'est chacun pour soi, la plupart du temps : on ne vit pas ensemble, ou très rarement, et on ne s'engage pas. Dans une relation d'amitié, on accepte beaucoup plus facilement l'autre tel qu'il est, on ne cherche pas à le changer, les ajustements en début de relation ne sont pas nécessaires (comme c'est le cas dans le début d'une relation amoureuse), et ses défauts, ses particularités ne nous touchent pas de la même manière ».

De fait, dans une relation amoureuse, sentimentale, les réactions à une information, un changement de vie à venir vont s'illustrer différemment que dans une relation amicale. Voici des exemples de comportements associés aux préférences cérébrales, face à des étapes importantes d'une vie à deux, des moments de bonheur futurs, comme une demande en mariage, de PACS ou le projet d'habiter sous le même toit.

En fonction de leurs préférences majeures, la réaction de l'un ou de l'autre sera la suivante :

- La personne majeure dans le cortical gauche (CG/ANALYSER) sera heureuse de voir la tournure que prend sa relation : une évolution logique depuis son début, une progression enrichissante et qui lui apporte ce qu'elle attendait, une construction avec, comme finalité, ultime étape, le mariage ou le fait d'habiter ensemble pour un futur à deux.

- La personne majeure dans le cortical droit (CD/DÉMONTRER), c'est-à-dire le mental créatif, imaginera immédiatement tout ce que l'autre personne et elle pourront faire ensemble, comment se déroulera le mariage, elle se projettera dans la famille et les enfants à venir, dans le foyer qu'ils vont habiter.

- La personne majeure dans le limbique gauche (LG/CONTRÔLE), soit l'émotionnel logique, sera enfin rassurée et organisera déjà dans sa tête, avec minutie, tout le déroulement du mariage ou l'aménagement de leur lieu d'habitation. Elle gérera avec précision et légèreté toute l'organisation à venir, vérifiera tous les documents pour valider cette démarche.

- La personne majeure dans le limbique droit (LD/ÉCHANGER), soit l'émotionnel créatif (lien, reconnaissance, échange), se sentira honorée, heureuse, reconnue et aura beaucoup de reconnaissance envers l'autre. Elle s'épanouit dans le lien et la gratitude.

DANS LE CADRE PROFESSIONNEL

Style de relations : choisies ou non choisies

Dans la vie professionnelle, il y a deux types de relations :

- les relations individuelles, c'est-à-dire entre des individus qui n'agissent que pour eux-mêmes ;
- les relations collectives au travail, c'est-à-dire émanant de mouvements, de représentations collectives souvent portées par les IRP (institutions représentatives du personnel) comme le comité d'entreprise, le syndicat, le CSE (comité social et économique) et autres.

Ce sont les premières qui nous intéressent plus particulièrement.

En entreprise, ces relations individuelles ou interindividuelles sont animées par deux paramètres :

- Extérieur : le fait de devoir réaliser le travail demandé et gagner de l'argent pour vivre. Ce sont des relations non équitables. Les relations peuvent être faussées par l'intérêt.
- Intérieur : la motivation.

Les études et sondages se suivent et se ressemblent pour constater que l'incitation extérieure est la première source de mécontentement au travail tandis que la motivation intérieure serait la première cause de satisfaction au travail. Nous percevons l'intérêt de se connaître et se comprendre grâce au GPS-Relationnel®.

Ce dernier va être utile à trois niveaux :

- Pour un manager, identifier les profils cérébraux des membres de ses équipes va lui permettre de réunir des profils complémentaires pour gagner en efficacité globale.
- À titre interindividuel, le GPS-Relationnel® aidera chacun à mieux communiquer et à se faire comprendre autant de ses collègues que de sa hiérarchie. Ce point est d'autant plus important que de bonnes relations au travail participent à la réussite professionnelle, aident à naviguer par tous temps. On soutiendra une personne appréciée, respectée plutôt qu'une personne hyper compétente mais au relationnel mauvais ou inexistant.

Il n'est pas nécessaire d'être majeur en LD/ÉCHANGER, mais comme cela a été démontré précédemment, il faut savoir parler dans la préférence cérébrale de l'autre, des autres, et donc intégrer à son expression le langage universel qui va toucher les quatre préférences.

Que vous soyez prioritairement dans l'analyse (CG), la vision (CD), le contrôle (LG), l'échange, le partage (LD), ne blâmez personne car tout le monde y perdra, y compris vous, et surtout, partagez les succès ! Positivez en parlant solution plutôt que problème, tout en maîtrisant votre langage corporel qui peut en dire plus que vos propres mots. Respectez vos engagements, car dans une entreprise nous sommes tous un maillon d'une chaîne.

- À titre personnel, connaître son empreinte cérébrale, c'est mieux se connaître, comprendre pourquoi on a autant de plaisir ou de déplaisir dans ce que l'on fait, et identifier ce qui nous motive. Contrairement à ce que le discours ambiant pourrait laisser croire depuis nombre d'années, si la **rémunération reste l'une des premières attentes des salariés**, elle n'est **pas pour autant un levier de motivation.** Rien ne remplace le lien social comme source de motivation. L'être humain, animal social, a avant tout besoin de **se sentir bien au sein d'un groupe**.

La source de motivation varie selon son/ses majeur(s) :

- Un CG/DÉMONTRER va avant tout chercher à donner du sens à son travail et vouloir que cela lui apporte un gain. Lui-même cherche à faire preuve de bon sens et sa question préférée est « QUOI ? »
- Un CD/VISUALISER est motivé par l'espoir donné par ce qu'il fait, ce à quoi il contribue, l'avenir dans lequel se projette son action. Sa question préférée est : « POURQUOI ? »
- Un LG/CONCRÉTISER, dont l'approche est de prouver, trouve sa motivation si son respect des règles et sa méticulosité sont reconnus, respectés. Sa question préférée est : « COMMENT ? »
- Un LD/ÉCHANGER a besoin de se sentir utile et de participer pour s'épanouir. Sa question préférée est : « QUI/POUR QUI/AVEC QUI ? »

Y a-t-il une différence entre la motivation masculine et la motivation féminine ? Oui... car pour l'homme, la motivation c'est le territoire, le besoin de se sentir expert. Il forme des projets vers le monde extérieur, il fabrique (un objet).

Tandis que la motivation féminine est tournée vers le sujet, la résolution de problèmes par le dialogue, la possibilité de traiter le sujet, l'intérêt pour les personnes. Aidée en cela par sa plus forte connectivité cerveau gauche/cerveau droit, qui renforce sa capacité verbale, sa souplesse. Pour résumer, ce qui intéresse principalement les **femmes**, **c'est le sujet**, tandis que les **hommes**, **c'est** davantage **l'objet.**

Alors, que penser de cette étude disant que les femmes actives sont plus nombreuses à préférer avoir pour supérieur hiérarchique un homme (17 %) qu'une femme (3 %) ? Et que les femmes (3 %) sont moins nombreuses que les hommes (8 %) à préférer avoir une femme pour supérieur hiérarchique ? Et plus nombreuses que les hommes à préférer avoir un homme pour supérieur hiérarchique (17 % vs 12 %). Une réponse pour le moins ambiguë.

Pour illustrer nos propos, certaines personnes plus ou moins connues du grand public, chacune dans son domaine, ont accepté de faire le test GPS-Relationnel® et d'en partager les résultats. Ces exemples illustrent également que :

- Quels que soient l'influence de l'environnement et le parcours de formation, chacun a finalement fait ce qui relève de sa ou ses préférences cérébrales : chassez le naturel, il revient au galop !
- Hémisphère gauche ou hémisphère droit, chacun a son chemin pour y arriver.

Pour les relations professionnelles, commençons avec un homme que toute la France connaît, Michel Drucker.

Michel Drucker, 79 ans

Présentateur télévision et one man show

Une longévité professionnelle hors norme, 60 ans de media

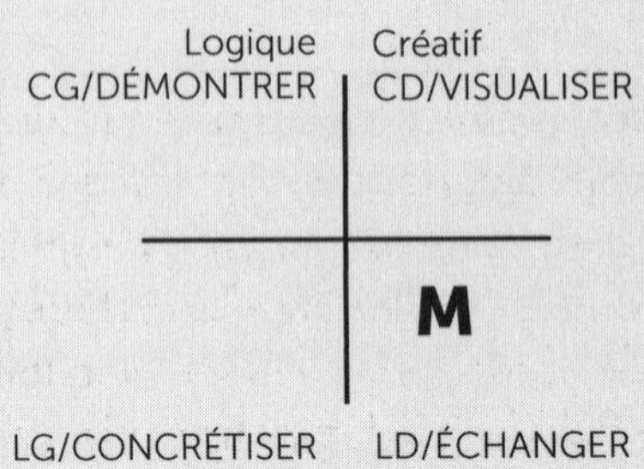

Hémisphère droit : Créatif

Préférence majeure : LD/ ÉCHANGER

L'empreinte cérébrale de Michel Drucker est majeure en hémisphère droit.

C'est un homme de communication, toutes celles et tous ceux qui le côtoient le constatent : il sait créer un lien tant avec le public qu'avec ses collaborateurs, et bien sûr avec les nombreux artistes qu'il reçoit, de toutes générations.
L'écart de pourcentages entre ses quatre préférences lui permet de passer sans fatigue de l'une à l'autre. Il sait s'exprimer de façon à toucher tous ses interlocuteurs, quel que soit leur profil cérébral. De même, il les comprend tous.
L'analyse de son empreinte cérébrale révèle que sa carrière ne doit rien au hasard. Cette même proportion entre les hémisphères gauche et droit lui permet de passer aisément de la

logique à la vision, et vice-versa.
Il est donc à même de se renouveler en permanence, d'amener dans un univers rationnel toute idée créative.

Sa seconde préférence cérébrale relève de la rigueur, de la régularité. Tel un coureur de fond, il procède avec méthode et ténacité dans tout ce qu'il fait, que ce soit dans sa pratique du vélo, sa récupération après ses différentes opérations ou encore dans son métier.

Ce mode de fonctionnement constitue pour lui depuis toujours un atout indéniable. Lui dont le père, médecin de campagne, disait : « Mais qu'est-ce qu'on va faire de lui ?! » Lui qui fut renvoyé de l'école alors que son frère, très doué pour les études, deviendra énarque et fondera la chaîne de télévision M6.
Mais à l'école, Michel Drucker s'ennuyait, car il ne trouvait aucun plaisir à sérier les matières, à se spécialiser dans un domaine. En revanche, très tôt, sa compréhension immédiate des situations et des personnes, son aisance relationnelle et sa capacité à méthodiquement rendre concrète toute nouvelle idée, à utiliser quasiment à parts égales ses préférences cérébrales, lui ont permis de faire la carrière que nous lui connaissons, d'une longévité exceptionnelle : à ce jour, soixante ans dans la télévision, la radio et le théâtre.

Michel Drucker est hors norme. « Tout est dans la tête », comme il le dit si bien « c'est par la volonté qu'on y arrive », et le GPS-Relationnel® le confirme !
Il le montre dans sa lutte contre la maladie en 2020. Après plusieurs opérations (du cœur, notamment), il revient à la télévision en 2021 avec son émission Vivement dimanche.

Livres de Michel Drucker parus chez Robert Laffont :
Mais qu'est-ce qu'on va faire de toi ?, 2007
Rappelle-moi, 2010
De la lumière à l'oubli, 2013
Une année pas comme les autres, 2015
Il faut du temps pour rester jeune, 2018
Ça sera mieux demain, 2021

Théâtre (One man show)
Seul avec vous, 2017
De Vous à Moi, 2022

Jacques Séguéla, 88 ans
Publicitaire

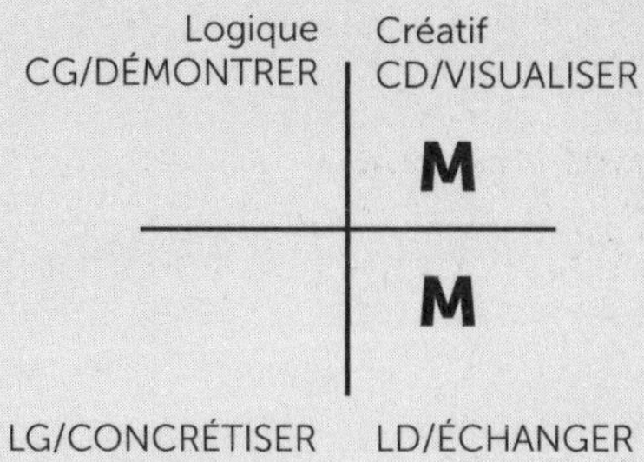

Hémisphère droit : Créatif
Préférence majeure : double, CD/VISUALISER
et LD/ÉCHANGER

Double dominant limbique, cortical, cerveau droit, le profil cérébral de Jacques Séguéla reflète tout de son parcours puis de son identité professionnelle : il ne fait rien dans les normes. Doté d'une créativité exceptionnelle et tourné vers les autres, il s'entoure des personnes qui vont, notamment dans son métier, apporter la méthode et l'analyse logique qui l'ennuient.

C'est un piètre élève qui s'invente des pathologies graves pour rater l'école, signe des mots d'absence en imitant la signature de ses parents, va passer son bac deux fois avant de l'obtenir.

Ses parents sont désespérés, jusqu'au jour où ils lui font rencontrer un responsable de l'Éducation nationale : un immeuble gris, une personne tout aussi triste et un test de Rorschach plus tard, la sentence tombe : « On ne fera jamais rien de votre fils, il ne peut pas faire d'études, il doit faire un travail manuel. »

Ce même jour, sa mère l'emmène au théâtre : c'est la révélation ! Ébloui par ce qu'il vient de voir, il est intarissable de commentaires, de réflexions. Il n'est donc pas bête et ses parents le convainquent de faire des études de pharmacie. Il met au point des formules mnémotechniques et des métaphores pour accélérer l'acquisition des connaissances. Docteur en pharmacie à vingt-cinq ans, il travaille le temps nécessaire pour économiser et partir faire le tour du monde – le premier avec une voiture française – avec son ami Jean-Claude Baudot. À son retour, il écrit son premier livre, *La Terre en rond*, intègre la rédaction de *Paris-Match* puis celle de *France-Soir*. Et, visionnaire, crée son agence de publicité à trente-cinq ans. Il a fixé l'âge de sa retraite à cent ans.

VERBATIM :

« Méthode étonnante, rapide »

Yves Coppens, 87 ans
Paléoanthroplogue
Membre de l'Académie des Sciences
Professeur au Collège de France

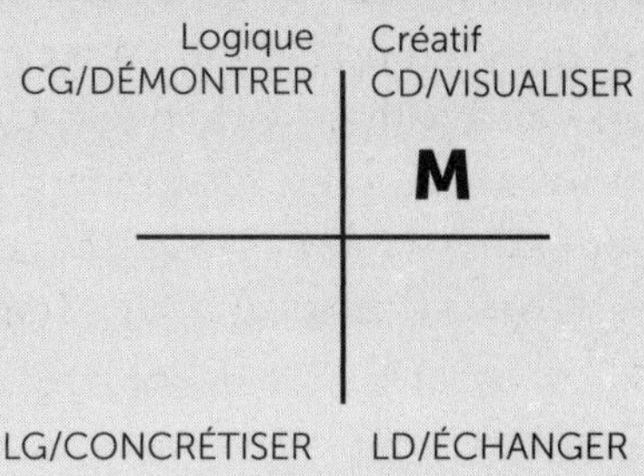

Hémisphère droit : Créatif
Préférence majeure : CD/VISUALISER

Cet éminent professeur au Collège de France, au cours de plus de cinquante années de terrain à travers l'Afrique tropicale et l'Asie extrême-orientale et septentrionale, a signé la découverte de trois genres nouveaux et de six espèces nouvelles d'hommes fossiles (ce qui est un amusant record mondial). Le fameux squelette de Lucy, découvert en 1974 par une expédition internationale qu'il dirigeait avec Donald Johanson et Maurice Taieb, appartient à l'une de ces six espèces (*Australopithecus afarensis, Johanson*, White et Coppens, 1978). Ce fossile désormais très iconique a été daté de 3,2 millions d'années. C'est par ailleurs Yves Coppens qui, en 1975, a découvert la raison de l'émergence du genre humain, la nécessité pour un préhumain de s'adapter à un changement climatique !!

Yves Coppens, c'est avant tout un hémisphère droit, créatif, qui n'a aucune difficulté à passer à l'hémisphère gauche, logique. Il poursuit de brillantes études scientifiques tout en gardant sa prédominance CD/VISUALISER. Cela lui permet d'être en permanence en situation de recherche, de nouveauté et, tout en suivant son intuition, il peut l'étayer avec son hémisphère gauche CG/DÉMONTRER - LG/CONCRÉTISER. Il a les caractéristiques de l'hémisphère droit : optimisme et beaucoup d'humour. Et pour l'anecdote, lors de la découverte du squelette, il le baptise « Lucy » en l'honneur de la chanson *Lucy in the Sky with Diamonds*, des Beatles !

Si on lui parle d'empreinte cérébrale, du tac au tac il fait référence aux os du crâne et explique que ceux-ci sont striés par les rainures de vaisseaux sanguins, sur la paroi intérieure, pour augmenter la puissance d'oxygénation du cerveau (chez l'homme), et sur la paroi extérieure pour augmenter le système pileux en guise de protection (chez l'animal). On peut ainsi distinguer rapidement à qui appartient le crâne. Yves Coppens, grâce à son ouverture d'esprit, son humour et sa curiosité, est un inlassable chercheur qui rebondit sur toute nouvelle découverte dans quelque domaine scientifique que ce soit, en y apportant sa vision et son expertise.

AVIS ET VERBATIM :

En un mot, comment qualifiez-vous cette méthode ?
Surprenante et droit au but.
Diriez-vous que vous êtes surpris par le résultat ?
Pas du tout.
Votre empreinte cérébrale est-elle conforme à ce que vous pensiez de vous ?
Tout à fait.
Cela vous a-t-il aidé pour comprendre certaines situations de « dialogues de sourds » ?
Tout à fait.
La proposeriez-vous à des personnes autour de vous ? Oui.
Sur une échelle de 1 à 10, à combien notez-vous la performance, l'utilité et la précision du test ?
Note : 8

Le GPS-Relationnel® et mes rapports avec l'argent, les loisirs, la santé, le sport et le jeu

Comme notre empreinte cérébrale nous éclaire sur ce que nous sommes et notre façon de comprendre et de communiquer, il est également intéressant de voir en quoi elle impacte notre relation à ce qui fait notre quotidien : l'argent, les loisirs, le sport, etc.

GPS-RELATIONNEL® ET MA RELATION À L'ARGENT

Le rapport à l'argent que nous pouvons avoir n'est jamais neutre. Il dit souvent quelque chose de notre histoire personnelle, de notre éducation, de la culture de notre pays et parfois il témoigne de nos failles.

L'argent a dans notre culture française, occidentale, une symbolique très forte. Pour beaucoup, il est synonyme de puissance, de force, de plaisir absolu. Il permet aussi à certains d'exercer un pouvoir sur les autres, dans le couple, en famille, au travail.

Contrairement aux Américains du Nord ou aux Chinois, les Français ont un rapport compliqué et ambigu avec l'argent. Ils sont aussi puritains avec l'argent que les Américains avec le sexe ! En France, en particulier, il est toujours difficile d'évoquer ses revenus, de parler d'argent et des moyens qui permettent d'en avoir, alors que chacun admet volontiers que si l'argent ne fait pas le bonheur... il y contribue. L'argent représente aussi la sécurité, la protection et est source de plaisir.

Les raisons de ce tabou seraient historiques. L'influence en particulier des nobles, qui au Moyen Âge jaugeaient leur fortune à la taille de leurs terres, fiefs et châteaux ; de la culture paysanne du « bas de laine » jalousement gardé sans que le contenu en soit révélé au voisin ; de la religion catholique, depuis toujours majoritaire en France, qui associe l'avidité au péché ; et enfin le discours du communisme, qui prône l'égalité et rejette le profit.

Il y a toutefois quatre grandes façons de gérer l'argent qui correspondent au profil associé à chaque préférence cérébrale :

- La préférence corticale gauche (CG/DÉMONTRER) utilise sa faculté de raisonnement et d'évaluation pour gagner de l'argent en investissant, gère son capital en respectant et en tenant bien son budget. Elle ne dépense pas plus qu'elle possède et investit de façon sécurisée.

- La préférence corticale droit (CD/VISUALISER), en revanche, est celle qui prend des risques, place de l'argent en bourse, soutient des start-up, investit dans les nouvelles technologies et dans tout projet tourné vers l'avenir. Elle dépense avec une stratégie financière.

- La préférence limbique gauche (LG/CONCRÉTISER) est celle de la thésaurisation. Elle est conservatrice et privilégie le placement dans la pierre, le livret A, tout ce qui assure la sécurité. Elle épargne.

- La préférence limbique droit (LD/ÉCHANGER) dépense de l'argent pour soi et les autres. Elle aime faire plaisir, *Carpe diem* est sa devise : elle préfère l'utiliser pour le moment présent (sorties, loisirs, voyages...) ou le partager en contribuant bénévolement à des associations humanitaires ou en donnant à des œuvres caritatives.

Certains se reconnaîtront...

Peter Boyles, 66 ans

Group Managing Director dans une banque internationale

43 ans dans la même entreprise

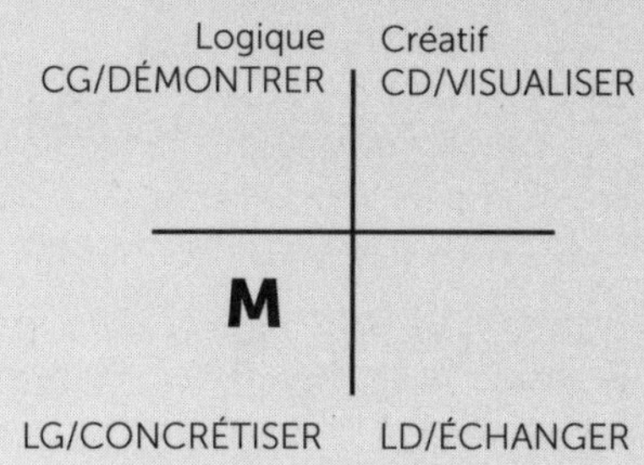

Hémisphère gauche : Logique

Préférence majeure : LG/CONCRÉTISER

Son parcours de vie illustre parfaitement sa préférence majeure : limbique gauche. Tout ce qui requiert précision, méticulosité, qualité, confiance et concrétisation l'attire. C'est le roi de l'expertise et du contrôle.

Il passe sans aucun effort de la créativité à la logique et il repère tout de suite les risques et sait les gérer avec prudence.

Comme il a une telle aisance entre ses trois préférences, on ne note pas, vu sa diplomatie et son attention aux autres, combien dans sa préférence mineure (LD/ÉCHANGER) parler lui coûte. Pour lui, les chiffres parlent d'eux-mêmes.

Ses études étaient faciles et brillantes avec un net penchant pour les mathématiques et la logique. En sport, il est passionné de rugby.

Après avoir réussi brillamment ses examens, il choisit des études d'économie, qu'il laisse choir dès la première année. Il n'aime pas ce qui est abstrait !

Il entre alors directement dans une banque, y passe sans difficulté les examens requis et ne la quitte plus. Il y fera carrière pendant quarante-trois ans, en gravissant petit à petit tous les échelons, pour arriver au poste de Group Managing Director.

AVIS ET VERBATIM :

En un mot, comment qualifiez-vous cette méthode ?
Efficace, rapide, utile.
Diriez-vous que vous êtes surpris par le résultat ?
Pas du tout
Votre empreinte cérébrale est-elle conforme à ce que vous pensiez de vous ?
Tout à fait.
Cela vous a-t-il aidé à comprendre certaines situations de « dialogues de sourds » ?
Oui.
Le proposeriez-vous à des personnes autour de vous ?
Oui.
Sur une échelle de 1 à 10, à combien notez-vous la performance, l'utilité et la précision du test ?
Note : 10

LE GPS-RELATIONNEL® ET MA RELATION AUX LOISIRS-PASSIONS

Pour parler loisir et passion, nous allons dans un premier temps à la rencontre de deux personnes, un couple, pour qui le loisir est devenu métier :

- Yannick Alléno, cinquante-trois ans, chef de cuisine triplement étoilé. Chef d'entreprise,
- Laurence Bonnel, quarante-cinq ans, sculptrice.

Yannick Alléno, 53 ans

Chef de cuisine triplement étoilé. Chef d'entreprise.

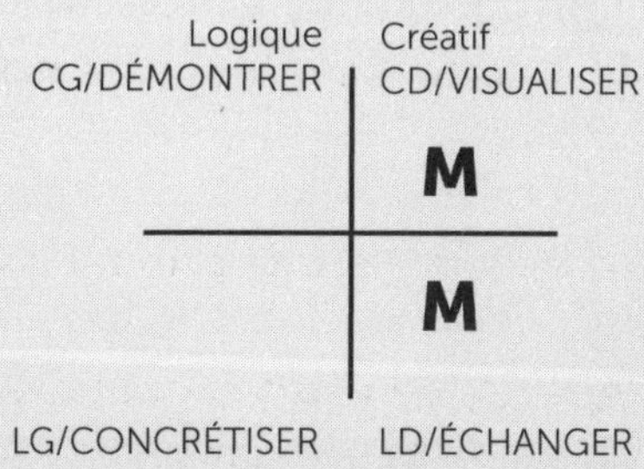

Hémisphère droit : Créatif

Préférence majeure : CD/VISUALISER et LD/ÉCHANGER

Son empreinte cérébrale met en évidence un hémisphère droit majeur et des préférences cérébrales double dominant (CD/DÉMONTRER + LD/ÉCHANGER) ainsi qu'une logique implacable (CG/ANALYSER).

Créatif, il aime le risque et quand il a l'idée, il sait la démontrer. Son parcours de vie illustre son profil. Il n'a pas, comme d'autres, été contraint par un environnement à renier ce qu'il est. Au contraire.

Il naît de parents bistrotiers en banlieue parisienne et partage beaucoup de temps en famille. Sa grand-mère a eu treize enfants ; chacun d'eux a eu deux à six enfants, de sorte qu'il a plus de quarante-cinq cousins et cousines germains. L'un deux, Jean-Marc Aniel, le fascine. Il charme quiconque vient à sa rencontre et aimante tout le monde autour de lui en cuisine. Yannick Alléno aime l'esprit de comptoir et le lien qui se crée autour des fourneaux. Il observe aussi sa mère cuisiner et, dès ses huit ans, comprend que la cuisine sera un pilier de sa vie.

Il commence à travailler dès ses quinze ans au Relais Louis XIII à Paris. Il s'investit déjà énormément dans ce qu'il fait et qui le passionne, apprend dans plusieurs grandes cuisines d'hôtels… jusqu'au restaurant du palace parisien Le Meurice, où il est consacré par la référence des guides culinaires, le Guide Michelin. Il revendique « une cuisine française forte, riche de son patrimoine ». Il cultive, dit-il, « son identité, laquelle se trouve dans la créativité et la volonté de ne jamais considérer un plat comme acquis. Je remets au goût du jour les éléments fondateurs et constitutifs de la cuisine. » Yannick Alléno est un chef triplement étoilé depuis 2007.
En 2013, il veut redonner aux sauces leurs lettres de noblesse et crée un nouveau process d'élaboration. Il utilise le froid, la fermentation, scinde la préparation en fonction de chacun des composants choisis et cuit ceux-ci individuellement à température parfaite avant de les assembler… loin des sauces « à l'ancienne » où l'on fait cuire, revenir les ingrédients pendant des heures. Il a une créativité inouïe.
En 2014, il reprend et investit dans le restaurant mythique Le Pavillon Ledoyen, aux Champs-Élysées. Il est maître à bord.
En 2017, comprenant les dangers du sucre, il met en pratique le principe du non-sucré, notamment pour la réalisation des fruits confits, dont la recette n'avait jamais évolué depuis le dernier traité du fruit confit de Nostradamus, en 1553.
En 2021, il ouvre une boutique de chocolat sans sucre ni crème : Alléno & Rivoire Chocolatiers, près de la Tour Eiffel. Il a remplacé le sucre par de l'eau de bouleau.

Sa carrière est tout à fait fidèle à son profil. Il analyse, a l'idée, recherche, innove en permanence. Il est tout à fait à l'aise avec la technique. Esprit libre, il passe sans difficulté d'une rigueur intellectuelle à une imagination débordante. Il ressent de façon intuitive l'air du temps. **Il se voit comme un chercheur, mais un chercheur qui trouve !** Il a une écriture des différentes cuisines, « Toujours la même, mais jamais pareille » (une des devises du dictionnaire le Petit Larousse). Il est heureux dans ce qu'il fait : depuis toujours, il a plaisir à faire tout ce qu'il entreprend ! Le parcours de vie de Yannick Alleno, ce grand chef 3 étoiles, est celui d'une vraie passion.

AVIS ET VERBATIM :

En un mot, comment qualifiez-vous cette méthode ?
Innovante, révélatrice.
Diriez-vous que vous êtes surpris par le résultat ?
Conforme à l'évidence.
Votre empreinte cérébrale est-elle conforme à ce que vous pensiez de vous ?
Tout à fait.
Cela vous a-t-il aidé à comprendre certaines situations de « dialogues de sourds » ?
Assez.
Le proposeriez-vous à des personnes autour de vous ?
Oui.
Sur une échelle de 1 à 10, à combien notez-vous la performance, l'utilité et la précision du test ?
Note : 9

Laurence Bonnel, 45 ans
Sculptrice et galeriste

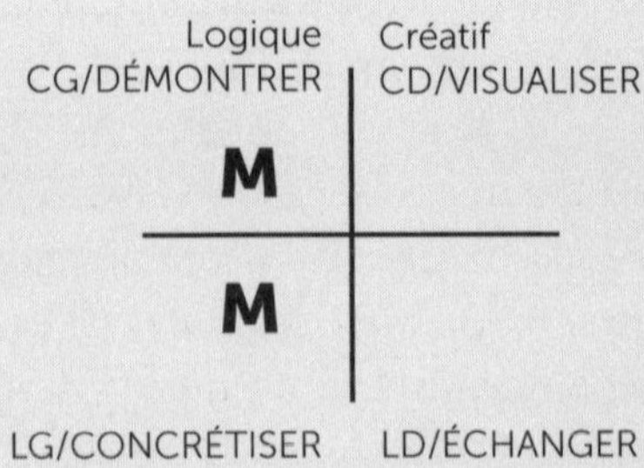

Hémisphères gauche et droit : égalité Logique et Créatif
Cerveau limbique et cerveau cortical :
égalité mental et émotionnel

Préférence majeure :
double, CG/DÉMONTRER et LG/CONCRÉTISER

Laurence Bonnel a un profil cérébral rare à plus d'un titre. D'une part, hémisphère gauche (LOGIQUE) et hémisphère droit (CRÉATIF) sont à égalité. D'autre part, le cerveau cortical (MENTAL) et le cerveau limbique (ÉMOTION) sont également à égalité.
En effet, les artistes ont souvent une dominance à droite, ce qui n'est pas son cas. Cela signifie qu'elle ne peut rien créer s'il n'y a pas déjà un sens à ce qu'elle fait. Lorsqu'elle crée, façonne, elle connaît le chemin qu'elle va emprunter et visualise le résultat final. Elle ne va pas au hasard, elle ne connaît pas d'aller-retour. Tout se construit avec une organisation précise et une vraie réflexion en amont.
Elle se forge son propre avis (bon ou mauvais), ne se laisse pas influencer par une autre idée, une autre personne. Elle est impartiale.

En étant double dominante en diagonale, elle a un rapport excellent à la négociation, cela ne lui coûte rien en énergie, même si elle n'aime pas les chiffres ! Elle connaît parfaitement la valeur des choses ou du travail et sait gérer les rapports de force sans fatigue de sa part.

Laurence Bonnel dessine et sculpte depuis sa plus tendre enfance. Ses parents sont des collectionneurs d'art du XVIIIe siècle et son père possédait une imprimerie.
Dès l'âge de quatre ans, elle saisit tout ce qu'elle trouve, terre, boue, pour lui donner une forme. Elle se souvient de ces moments qui la remplissaient de joie. Pendant sa scolarité, elle oublie ce plaisir du toucher. Passionnée par l'histoire de l'art et le dessin, elle est aussi très bonne en mathématiques et obtient un bac littéraire. Contre l'avis de tout le monde, elle ne fait pas les Beaux-Arts et intègre la Sorbonne. Elle va y soutenir une thèse sur les romans du XIXe siècle.

À vingt et un ans, chez une amie, elle voit des sculptures qui lui plaisent énormément. Un « Oh, j'aimerais tellement sculpter » lui échappe. Elle est au bon endroit : il y a juste à côté un atelier de sculpture. La petite flamme en elle est immédiatement ravivée.
Lorsqu'un incendie ravage le garde-meubles où sont entreposées les trente-cinq sculptures qu'elle a faites entre ses vingt-deux et ses vingt-cinq ans, et les détruit, elle ressent un sentiment de perte, une douleur absolue qui lui font prendre conscience que la sculpture est ce à quoi elle tient avant tout.
Dès lors tout s'enchaîne, elle comprend que son plaisir n'est plus seulement de sculpter et de garder ses œuvres, mais de les créer pour les partager, les donner ou les vendre. Elle ouvrira plus tard sa galerie.

Elle vit de sa passion en prenant autant de plaisir à créer qu'à gérer son entreprise, promouvoir et accompagner de jeunes artistes. On retrouve là le caractère rare de son profil, cette double égalité cerveau gauche logique/cerveau droit créatif et cerveau cortical (mental)/limbique (émotionnel). À égalité entre l'idée et le faire, elle ne laisse le soin à personne de faire ce qu'elle a imaginé.

Et comme nous parlons d'un couple, voici un nouvel exemple de complémentarité. S'ils ont tous les deux un grand plaisir à créer, son mari, le chef étoilé Yannick Alléno, innove, conçoit, crée, rend réalisable, pour ensuite faire faire par son équipe. Elle crée et fait.

Tous les deux ont besoin de reconnaissance. Comme ils ne sont pas dans le même domaine, ils ne sont pas en compétition et ne se heurtent pas l'un à l'autre. Chacun a naturellement la capacité à écouter et à comprendre l'autre dans tous ses questionnements.

AVIS ET VERBATIM :

En un mot, comment qualifiez-vous cette méthode ?
Amusante et étonnante.
Diriez-vous que vous êtes surprise par le résultat ?
Oui, un peu (j'ai découvert une capacité que j'ignorais).
Votre empreinte cérébrale est-elle conforme à ce que vous pensiez de vous ?
Tout à fait.
Cela vous a-t-il aidée à comprendre certaines situations de « dialogues de sourds » ?
Tout à fait.
La proposeriez-vous à des personnes autour de vous ?
Tout à fait.
Sur une échelle de 1 à 10, à combien notez-vous la performance, l'utilité et la précision du test ?
Note : 10

Valérie Belin, 62 ans
Artiste photographe

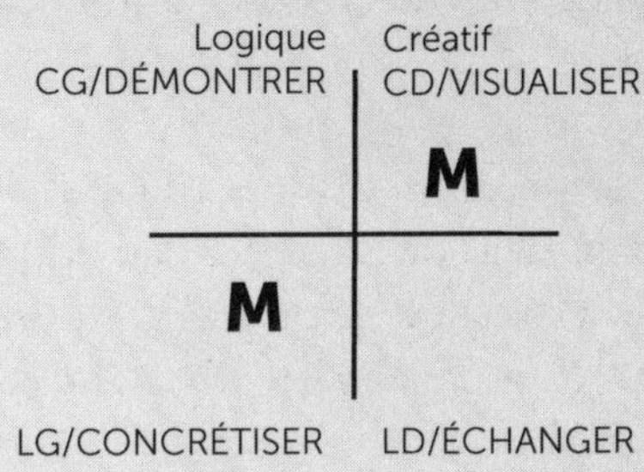

Hémisphère droit : Créatif
Préférence majeure : double en diagonale, CD/VISUALISER et LG/CONCRÉTISER

Ce profil est extrêmement rare et passionnant.
Valérie Belin est à égalité cerveau gauche (logique) et cerveau droit (créatif).
C'est-à-dire qu'elle passe sans aucun problème de la créativité à la logique et de la logique à la créativité.

Elle est aussi à égalité entre son cerveau cortical (mental) et son cerveau limbique (émotionnel).
Elle est dans le profil rare d'une personne que l'on ne peut l'influencer.
Ce ne seront ni la personne ni l'idée qui la convaincront, elle aura son propre avis, qu'il soit bon ou mauvais. Mais ce sera le sien.
Tout doit avoir un sens, et le lien lui est indispensable.
Comme elle est double dominant en diagonale CD/VISUALISER et LG/CONCRÉTISER, tout ce qu'elle crée se trouve d'abord visuellement dans sa tête.

Elle a été élevée dans une famille où tous avaient une très grande sensibilité, étaient extrêmement émotifs et impulsifs, même avec l'esprit cartésien de son père et scientifique de sa mère. Cela explique sa finesse de perception des situations.

On retrouve dans son parcours professionnel cette sensibilité. Valérie n'était pas attirée par la peinture, elle savait qu'elle se sentirait trop seule face à son chevalet à l'intérieur d'une pièce. Il lui fallait les autres, et photographier lui permettait d'aller vers eux. Ce fut sa première démarche lorsqu'elle sortit des Beaux-Arts où son travail était très lié avec l'art minimal américain, mais cet enseignement avait finalement induit une sorte de tabou sur la représentation humaine. Elle souhaitait au contraire s'approcher des autres et c'est ainsi qu'elle s'est mise à photographier des devantures de magasins, des pages de journaux féminins, des modèles de haute-couture, des affiches de cinéma, des panneaux publicitaires, des photos de recettes de cuisine… Ce qui lui fait plaisir, dans la photographie, c'est qu'elle nécessite un rapport au monde.

Valérie a découvert des univers en profondeur quand elle a photographié des typologies comme les bodybuilders ou les transsexuels. Elle a besoin d'être en empathie avec la personne qu'elle photographie. Elle considère qu'il y a deux moments de fulgurance qui lui permettent de créer : au moment de la prise de photo pendant le shooting, cela peut durer deux à trois secondes, un état de grâce s'installe entre elle et le modèle ; puis en post-production, la même magie peut survenir au moment où elle applique les surimpressions sur la photo pour créer son œuvre.

Ses photographies sont exposées au Centre Pompidou comme à l'international. Elle est dans la recherche constante et son travail de post-production peut se comparer à un travail d'orfèvrerie ou de marqueterie. Il lui faut avoir au même niveau la pensée et la technique. C'est un travail constant, humble, de patience et de finesse.

AVIS ET VERBATIM :

En un mot, comment qualifiez-vous cette méthode ?
Étonnante et rapide.
Diriez-vous que vous êtes surprise par le résultat ?
Oui.
Votre empreinte cérébrale est-elle conforme à ce que vous pensiez de vous ?
Tout à fait.
Cela vous a-t-il aidée à comprendre certaines situations de « dialogues de sourds » ?
Assez.
La proposeriez-vous à des personnes autour de vous ?
Tout à fait.
Sur une échelle de 1 à 10, à combien notez-vous la performance, l'utilité et la précision du test ?
Note : 8

Que nous disent ces expériences ?

Qu'un loisir peut devenir passion et métier, même si, historiquement, les loisirs se définissent en opposition au travail et se pratiquent sur le temps dit « libre ». Et qu'un loisir, qu'il soit actif et mobilise des compétences spécifiques (faire) ou passives (se divertir) est pratiqué d'abord par plaisir.

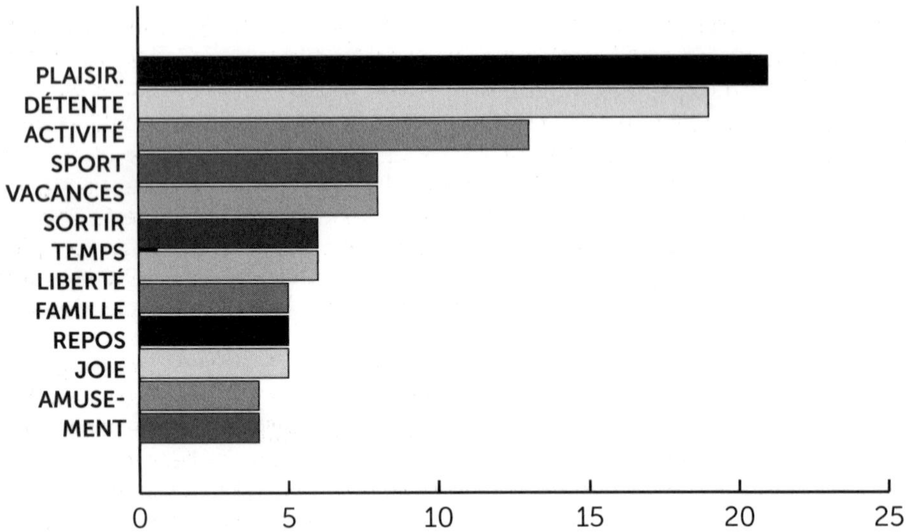

Source : LObSoCo-Compagnie-des-Alpes-l-LObservatoire-des-loisirs-l-Synthese-Rapport-danalyse_Publication.pdf. Cet observatoire repose sur une enquête en ligne réalisée le 6 et le 22 juillet 2020 auprès d'un échantillon de 4 000 personnes représentatives de la population française, âgées de 18 à 75 ans.

Le loisir choisi sera donc cohérent avec nos préférences cérébrales. Il doit nous animer de l'intérieur pour maintenir la motivation. Un loisir convenant à une personne peut ne pas être reconnu comme tel par une autre parce qu'il mobilise une façon de penser, d'agir ou de communiquer qui ne correspond en rien à son profil. Attention au loisir qui serait choisi pour de mauvaises raisons, comme faire du sport pour pouvoir mettre sa tenue préférée alors que ce qui nous plaît, le week-end, est d'arpenter les salles des musées.

GPS-RELATIONNEL® ET MA RELATION À LA SANTÉ

Comme beaucoup d'autres sujets, notre relation à la santé et à la maladie est influencée par notre entourage premier, la famille, et notre environnement, la culture. Toutefois, notre empreinte cérébrale et notre préférence vont nous faire aborder les circonstances de façon différente. La pandémie de la Covid-19, apparue en France et dans le monde en 2020 pour une durée indéterminée, peut constituer un cas d'école tant nous avons pu observer rapidement les réactions qu'elle a suscitées.

Rappels importants par rapport à notre relation à la santé : le cerveau cortical est le cerveau de la réflexion, du concept, de l'individualité, alors que le cerveau limbique est celui de l'action, de l'émotion, du rapport à autrui.

- Les individus majeurs en cortical gauche (CG/DÉMONTRER) vont d'abord analyser les informations et les données quantifiées, cherchant les causes et les effets pour en tirer une conclusion. Mais le brouhaha créé par les médias eux-mêmes, à coups de paroles d'experts en tous genres, a pu perturber ces « corticaux gauches » qui ne pouvaient plus trouver de logique au flot de faits et dires contradictoires. Sont-ils restés devant leur écran à regarder des chaînes d'information en continu ?

- Les individus majeurs en cortical droit (CD/VISUALISER) ont la capacité à se projeter et s'adapter en toutes circonstances. Le caractère inédit de la situation est vécu comme une opportunité d'imaginer des perspectives nouvelles. Ils utilisent leurs qualités : créativité, recherche de solutions originales, pour vivre ce quotidien insolite et dessiner un autre avenir. Ils peuvent sembler légers et irresponsables, car le respect des règles et consignes n'est pas dans leur ADN. La fermeture des frontières ne les a vraisemblablement pas empêchés de voyager par la pensée et l'imagination.

- Les individus majeurs en limbique gauche (LG/CONCRÉTISER) sont certainement ceux que la pandémie a le plus déstabilisés. En effet, ils aiment planifier, organiser, évaluer les risques, CONCRÉTISER... tout ce qui est devenu impossible tant la situation était instable. En recherche de sécurité, ils vérifient la fiabilité de leurs sources et informations. La situation a pu en pousser certains à se renfermer complètement sur eux-mêmes, chez eux, en mettant en place une routine pour maintenir un cadre maîtrisé, à moins qu'ils n'aient littéralement « explosé ». Une chose est sûre, contrairement aux dominants « Cortical droit », ils ont scrupuleusement observé les consignes sanitaires. Ils suivent les sondages avec assiduité.

- Les individus majeurs en limbique droit (LD/ÉCHANGER) sont aussi bien ceux qui ont manifesté leur solidarité depuis leur balcon que beaucoup de professionnels du soin et du social, dévoués aux autres. Le télétravail les a rendus malheureux et fragilisés. Plus que les autres, ils ont été en manque de contacts et, de fait, exposés aux risques psychosociaux. On les a vus endurants, courageux et efficaces par solidarité. Constamment relié à son prochain, le limbique droit est guidé par l'émotivité, l'amour sous toutes ses formes, l'empathie et la compassion.

Professeur Philippe Menei, 62 ans

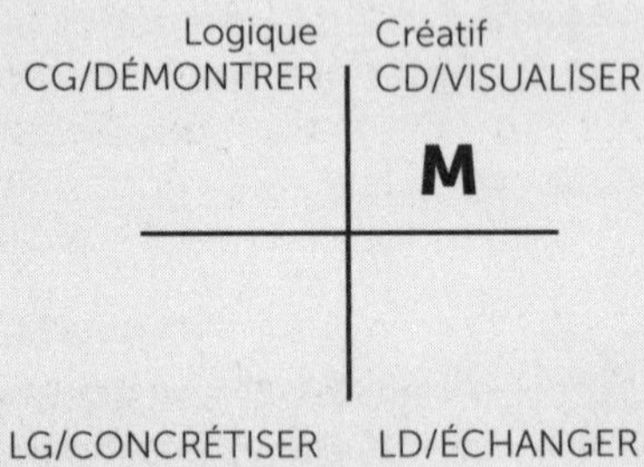

Hémisphère droit : Créatif
Préférence majeure : CD/VISUALISER

Professeur et neurochirurgien de renom, Philippe Menei a une empreinte cérébrale avec dominance de l'hémisphère droit (vision, avenir, réactivité) et sa préférence majeure est CD/VISUALISER, la créativité, la projection, la recherche.
En deuxième, il est à égalité sur les trois autres préférences : CG/DÉMONTRER, LG/CONCRÉTISER, LD/ÉCHANGER. Ce qui signifie que de façon naturelle et instinctive, il donne automatiquement les arguments des quatre préférences cérébrales et prend autant de plaisir dans le savoir-acquérir, le savoir-faire et le savoir-devenir que dans le faire-savoir. Il se fait comprendre de tous sans faire aucun effort.

Son parcours de vie montre qu'il était prédestiné à la recherche. Enfant, déjà, il reçoit comme cadeaux de Noël toutes sortes de microscopes, jeux d'expériences de chimie et de biologie.
Né de parents français d'origine italienne, fils unique, il s'engage dans des études de médecine où il occupe systématiquement une des cinq premières places aux résultats des concours. Il hésite entre la psychiatrie et la neurochirurgie mais choisit cette dernière spécialité, inspiré par le Professeur Alim Louis Benabid qui a su allier la neurochirurgie à la recherche. Il est reçu à l'Internat des hôpitaux de Paris et y travaille dans différents hôpitaux (Pitié-Salpêtrière, Lariboisière, Bichat). Il poursuit ses recherches comme Visiting faculty au Miami Project to Cure Paralysis à l'Université de Miami pendant un an avant de revenir en France, au CHU d'Angers. Marié à une neurobiologiste péruvienne, il a deux enfants.

Dans son livre *Voyage du cerveau gauche au cerveau droit*, paru aux éditions EDP Sciences, il revisite le mythe cerveau droit / cerveau gauche et dévoile pourquoi une carte cérébrale atypique peut être à l'origine de difficultés… ou de superpouvoirs intellectuels. Il nous apprend que dessiner la carte du cerveau droit permettra l'émergence de nouveaux traitements des troubles de la communication comme l'autisme. Grâce aux nombreux témoignages et explications, il est réconfortant de voir l'incroyable adaptabilité de l'être humain et de son cerveau face à certains traumatismes. On y apprend aussi que l'on peut stimuler par stimulation électrique l'hémisphère gauche ou le droit pour amplifier leurs fonctions.

Démontrant l'incroyable plasticité et adaptabilité de l'être humain et du cerveau, une de ses patientes, quasiment privée de la parole à cause d'une tumeur touchant son cerveau gauche, celui qui gère la parole, a vu son cerveau droit compenser la perte de langage… en développant une incroyable variété de mimiques pour représenter les différentes tonalités d'expression et ainsi se faire bien comprendre par son entourage.

AVIS ET VERBATIM :

En un mot, comment qualifiez-vous cette méthode ?
Facile et rapide et précision du diagnostic.
Diriez-vous que vous êtes surpris par le résultat ?
Assez.
Votre empreinte cérébrale est-elle conforme à ce que vous pensiez de vous ?
Assez.
Cela vous a-t-il aidé pour comprendre certaines situations de « dialogues de sourds » ?
Tout à fait.
La proposeriez-vous à des personnes autour de vous ?
Oui.
Sur une échelle de 1 à 10, à combien notez-vous la performance, l'utilité et la précision du test ?
Note : 8

GPS-RELATIONNEL® ET MA RELATION AU SPORT

« Le sport correspond à un ensemble d'activités physiques se présentant sous forme de jeux individuels ou collectifs, donnant généralement lieu à des compétitions pratiquées en observant certaines règles précises. » (Dictionnaire Larousse)

Malgré cette belle définition, la pratique sportive est à ce point vaste que différentes classifications existent. On peut les classer par nombre de joueurs, équipement nécessaire, environnement intérieur ou extérieur, partie du corps entraînée, capacités requises ou encore par typologie : athlétisme, sports de balle ou de ballon, sports de raquettes (ou utilisant un instrument), sports de combat, sports moteurs, sports nautiques.

Et pourtant, alors que tant de critères rationnels pourraient nous guider dans nos choix, inconsciemment, au milieu de toute cette offre qui ne cesse d'évoluer, nous choisissons le sport qui va nous donner le plus de satisfaction et qui dépend de notre préférence cérébrale.

Que vous préfériez jouer en solitaire, en équipe, en prenant des risques, en étant appliqué et régulier, laissez-vous faire... c'est votre empreinte cérébrale qui va parler en premier.

Voici quelques exemples :

- J'ai rencontré un escrimeur de dix-neuf ans qui pratique ce sport avec passion depuis plus de dix ans. Pourquoi l'escrime ? Personne dans sa famille ou son entourage ne maniait l'épée, le fleuret ou le sabre et l'escrime est un sport retransmis à la télévision une fois tous les quatre ans lors des Jeux olympiques... peu de visibilité. Il se souvient très bien que quand il avait sept ans, sa mère lui a proposé de pratiquer l'un des trois sports proposés par son école : tennis, judo ou escrime. Il a choisi l'escrime au grand étonnement de ses parents. Il était alors bien incapable de motiver ce choix. Ce jeune homme a une empreinte cérébrale avec un majeur en CD (VISION) et un cerveau gauche (LOGIQUE) dominant, et en quatrième position le limbique droit. Toute l'escrime : vision, stratégie d'abord, analyse, contrôle, respect des règles. Inconsciemment, il a choisi le sport correspondant à ses préférences : majeur en vision (rapidité, autonomie, déplacement), aimant et maîtrisant la technique ainsi que, au même niveau, les chiffres et la stratégie. Et en dernier, la relation à l'autre afin de le maintenir à distance... Tous ses plaisirs réunis en une activité.

- Lors d'une intervention auprès d'un groupe de jeunes en difficulté, le sport avait été choisi comme moyen de les motiver et de leur redonner confiance en eux. Dix jeunes, trois filles et sept garçons, ont tour à tour parlé avec enthousiasme du sport qu'ils pratiquaient : rugby, boxe, MMA, arts martiaux, football, judo. Une jeune fille de dix-huit ans a expliqué qu'elle pratiquait le badminton et provoqué l'hilarité du groupe qui ne voyait pas vraiment le badminton comme un sport. Lorsqu'il a été dit que la vitesse d'un volant de badminton va au-delà de 400 km/h, qu'une demi-heure de pratique est aussi éprouvante qu'une demi-heure de squash et que ce sport requiert l'utilisation des quatre préférences en même temps... le calme est revenu et la puissance et l'effort demandés par ce sport ont été reconnus.

Clément Martin-Saint-Léon, 42 ans
Triple champion du monde en saut en parachute
Directeur communication et stratégie

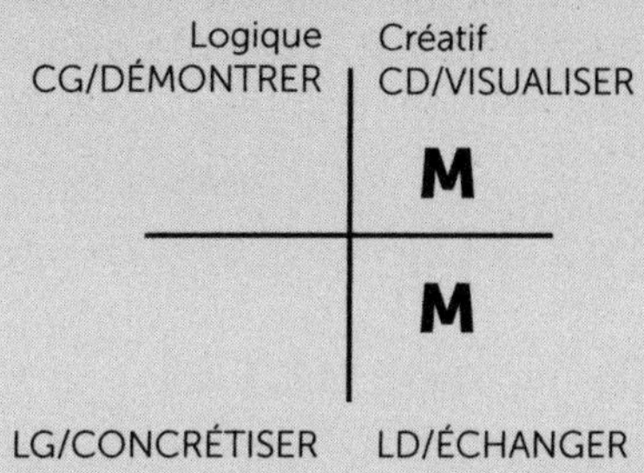

Hémisphère droit : Créatif
Préférence majeure : double, CD/VISUALISER et LD/ÉCHANGER

Avec Clément Martin-Saint-Léon, nous allons voir comment le fait de respecter ses préférences cérébrales participe à un équilibre de vie.
Les pratiquants de sports à risques et sports extrêmes ont comme majeur le cerveau droit car l'intuition, le sens du risque et la vision leur sont essentiels. Le cerveau gauche intervient pour tout ce qui est stratégie, respect des procédures à suivre, l'expertise, la technique. C'est le cas de Clément. Sa deuxième préférence majeure est le LD/ÉCHANGER et le saut en parachute étant un sport d'équipe, il est très important de partager, s'exprimer, être à l'écoute de ses coéquipiers. Ce qui importe pour lui est l'idée et le rapport aux autres.

La différence entre ses hémisphères gauche et droit lui permet de faire peu d'efforts pour aller du créatif au logique.

Son empreinte cérébrale est tout à fait cohérente avec sa passion et ses performances : avec son équipe, il a été champion du monde de saut en parachute en 2006, 2008 et 2010.

Parallèlement à sa pratique sportive, il a eu une activité professionnelle qui le plongeait dans un univers de chiffres, de stratégie, de procédures. Il compensait le manque de prise de risque – sa préférence majeure CD/VISUALISER – par une pratique assidue du saut en parachute, tous les dimanches.

Triplement médaillé du plus beau métal, reconnu par le monde entier, entrepreneur, il a créé une soufflerie près de Lyon qui permet de s'entraîner par tous les temps, à tout moment. Il s'est marié, mais ses absences répétées les week-ends pour l'entraînement nuisaient à sa vie familiale.
Il a changé d'entreprise et occupe à présent un poste qui lui permet de jouer de sa créativité et de son sens de l'innovation avec son majeur CD/VISUALISER lui apporte le plus de plaisir. Il n'a plus besoin de compenser par le saut en parachute, ce qui a un impact bénéfique sur sa vie familiale.

Ces exemples montrent bien l'importance qu'il y a à écouter et respecter ses préférences cérébrales pour trouver du plaisir à ce que l'on fait. Prenons quelques types de sports vers lesquels nous nous dirigeons en fonction de notre profil. Vous verrez ainsi spontanément ceux qui vous attirent et correspondent à votre préférence cérébrale majeure.

BADMINTON : CG + CD + LG + LD

Le badminton doit certainement une partie des a priori qui l'accompagnent encore aujourd'hui aux représentations de son ancêtre, le jeu de volant, par le peintre Jean Siméon Chardin. Ce dernier y représente le plus souvent des femmes vêtues de robes longues dans des univers bourgeois empreints de légèreté, paisibles et doux.

La réalité du badminton est tout autre. Non seulement, comme expliqué précédemment, c'est un sport qui requiert de grandes qualités physiques, mais c'est aussi une activité qui utilise automatiquement les quatre préférences : le cortical gauche (CG/DÉMONTRER) pour compter, le cortical droit (CD/VISUALISER) pour se déplacer très rapidement car le volant n'a pas de trajectoire directe et bondit de façon imprévisible, le limbique gauche (LG/CONCRÉTISER) pour la technicité requise et le limbique droit (LD/ÉCHANGER) pour lire le jeu de l'adversaire et jouer en équipe.

BOXE : cerveau reptilien + LG + CD

La boxe n'est pas un sport raisonnable : le corps humain n'est pas conçu pour recevoir des coups. Les chocs portés à la tête entraînent des lésions répétées au cerveau qui à terme peuvent affecter les facultés mentales. Les combats peuvent être gagnés en mettant son adversaire par terre par KO. La boxe fait appel au cerveau reptilien, celui du combat, de la survie. Les personnes attirées par la boxe ont une empreinte cérébrale marquée par une dominance corticale mettant en œuvre une démarche technique, utilisant la logique, recherchant les causes, les effets et la capacité de réagir très vite, se concentrer sur la situation et trouver la solution.

DANSE : CD + LG + LD

La danse aussi révèle la capacité à utiliser l'espace avec le cortical droit (CD/VISUALISER) et le limbique gauche (LG/CONCRÉTISER) pour la technique. Les danseurs de rock, valse, tango, pour être en symbiose avec leurs partenaires, utilisent le limbique droit (LD/ÉCHANGER). Si vous sentez que vous aimez la danse mais pas les danses de salon par exemple, qui se pratiquent à deux, c'est que votre mineur est en limbique droit.

ÉQUITATION : CD + LG + LD

Quelle que soit la pratique (sauts d'obstacles, promenade, dressage, cross, attelage), l'équitation est un sport naturellement pratiqué par des personnes majeures en CD/VISUALISER pour la liberté, la capacité à réagir à l'imprévisible, gérer l'espace avec sa monture, garder son équilibre et appréhender les sauts d'obstacles. Le cavalier utilise aussi son limbique gauche (LG/CONCRÉTISER) pour la maîtrise technique et du cheval. Sa préférence LD/ÉCHANGER est essentielle au lien fusionnel cavalier-cheval.

FOOTBALL, HANDBALL... : CG + CD

Ce sont des sports dont les pratiquants ont le cortical gauche (CG/DÉMONTRER) majeur, notamment pour compter les points puisque c'est un match. Ensuite, le limbique droit (LD/ÉCHANGER) entre en jeu, car ce sont des sports d'équipe où la solidarité est essentielle pour la réussite du groupe. Toutefois, un attaquant sera majeur en cortical droit (CD/VISUALISER) – il doit avoir une vision d'ensemble portée vers un objectif, la cage du goal de la partie adverse – et un défenseur sera majeur en limbique gauche (LG/CONCRÉTISER) – précis, il se concentre sur le présent, passe en permanence la situation de jeu au scanner –, prêt à intervenir dans les règles de l'art.

MMA : CG + CD + LG + LD

Le MMA, arts martiaux mixtes (*Mix Martial Arts* en anglais) associe les techniques les plus efficaces des sports de combat debout et au sol comme le karaté, le judo, le taekwondo, la lutte. C'est un sport très complet qui requiert l'utilisation des quatre préférences cérébrales (CG + CD + LG + LD).

NATATION, MUSCULATION, MARATHON : LG

Ces sports nécessitent une régularité d'entraînement de métronome. Le limbique gauche (LG/CONCRÉTISER) est utilisé dans sa totalité aussi bien pour la continuité, la résistance, le suivi exact des gestes. Il demande une grande endurance. Tout est dans la gestion des forces au plus haut degré de précision.

SKI : CD + LG

Comme l'équitation, le ski est un sport solitaire où on ne se mesure qu'à soi-même.

Les skieurs utilisent le cortical droit (CD/DÉMONTRER), essentiel pour la vision, la réactivité nécessaire pour s'adapter aux reliefs de la piste et identifier le danger, et le limbique gauche (LG/CONCRÉTISER) pour parfaitement maîtriser la technique qui peut avoir une incidence comptée en dixièmes de seconde et faire gagner ou perdre une course, par exemple.

TENNIS : CG + LD

Chaque action de jeu se concluant par un changement de score, un comptage ayant un impact sur la suite du match et la compétition, la personne pratiquant le tennis est dominante en cortical gauche (CG/DÉMONTRER) et LD pour l'échange avec l'adversaire.

Un profil typé cortical droit (CD/VISUALISER) est propre au joueur qui prend des risques, monte au filet (par exemple Yannick Noah) alors qu'un joueur ou une joueuse de fond de court, comme Andre Agassi ou Serena Williams, utilisera son limbique gauche (LG/CONCRÉTISER).

GPS-RELATIONNEL® ET MA RELATION AU JEU

Dans son livre *Les Jeux et les Hommes*, Roger Caillois présente une classification des jeux (incluant des sports dont la pratique non compétitive s'apparente au jeu) par préférence cérébrale :

Préférences cérébrales	Formes culturelles	Formes institutionnelles	Formes dégénérées
CORTICAL GAUCHE AGÔN* Compétition	Jeux avec résultats chiffrés : football, tennis, rugby, tennis de table, golf, etc.	Concurrence commerciale Examen et concours	Violence Volonté de puissance Ruse

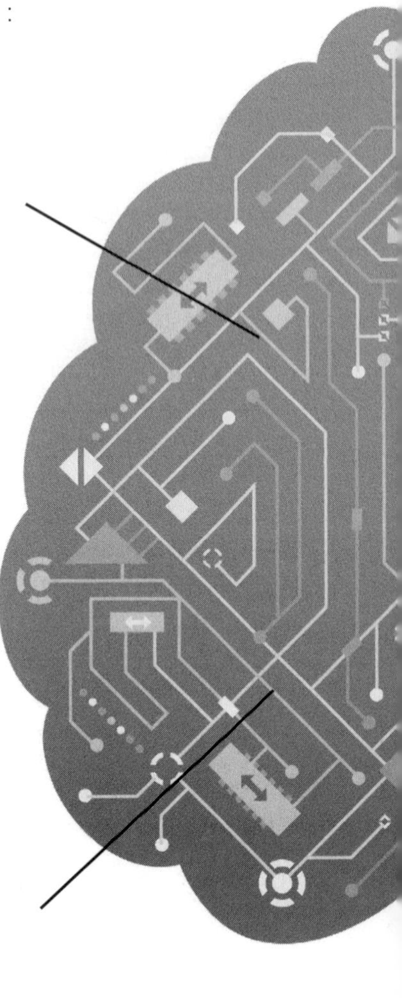

Préférences cérébrales	Formes culturelles	Formes institutionnelles	Formes dégénérées
LIMBIQUE GAUCHE ALEA** Chance	Jeux qui provoquent la chance : loterie, casino, hippodrome, PMU, etc.	Spéculation boursière	Superstition Astrologie Voyance

*AGÔN : dans la Grèce antique, le terme agôn désigne toute forme de compétition (artistique ou sportive) ou de joute oratoire. C'est aussi l'esprit de compétition qui anime tant les artistes que leurs commanditaires.

**ALEA : du latin, le mot signifie jeu de dés, jeu de hasard ; risque, chance.

Préférences cérébrales	Formes culturelles	Formes institution-nelles	Formes dégénérées
CORTICAL DROIT ILINX*** Vertige	Jeux à risque : alpinisme, ski, formule 1, haute voltige, parachu-tisme, saut à l'élastique, etc.	Profes-sions qui impliquent la domi-nance du vertige	Alcoolisme Stupéfiants

Préférences cérébrales	Formes culturelles	Formes institution-nelles	Formes dégénérées
LIMBIQUE DROIT MIMICRY**** Simulacre	Jeux de rôle : théâtre, cinéma, car-naval, culte de la vedette, etc.	Uniforme, étiquette, cérémonial, métiers de la représen-tation	Aliénation Dédouble-ment de la personnalité

***ILINX : en grec, ilinx signifie « tourbillon d'eau ». Roger Caillois y classe des activités qui permettent d'accéder à un certain niveau d'étourdissement physique (manège, toboggan, valse...), de griserie, de spasme ou de transe, et qui font monter l'adrénaline.

****MIMICRY : est un mot créé par le biologiste anglais H. W. Bates, et qui signifie « mimétisme ». Le joueur peut incarner concrètement le rôle ou jouer par procuration, lorsqu'il est spectateur d'un jeu.

Le jeu étant par définition une activité physique ou mentale à laquelle on s'adonne pour en tirer du plaisir, son caractère non obligatoire fait que nous allons assurément être adeptes d'un jeu qui va utiliser notre préférence majeure, celui qui nous procure le plus de plaisir.

Cette typologie des jeux est toujours d'actualité, mais elle n'intègre pas les jeux dont la pratique a connu une croissance exponentielle ces vingt dernières années, sans doute au détriment d'autres pratiques : les jeux vidéo.

JEUX VIDÉO

Les jeux vidéos, sportifs, jeux de rôles... utilisent les mêmes préférences cérébrales que dans la réalité car le cerveau ne fait pas de différence entre le réel (jouer au football sur le terrain) et le virtuel (jouer sur la console ou sur le téléphone).

On notera avec intérêt que tous les jeux de hasard et de loterie qui relèvent de l'espoir (gain, vie meilleure) sont pratiqués en particulier par des personnes dont le quotidien est trop dur (peur, pauvreté, guerre...) quelle que soit la préférence cérébrale :

- Le CG/DÉMONTRER pour le gain,
- Le CD/VISUALISER pour l'espoir d'une vie meilleure,
- Le LG/CONCRÉTISER pour se rassurer,
- Le LD/ÉCHANGER pour ne plus être seul.

Christophe Blanchard-Dignac

Direction du Budget - Française des Jeux

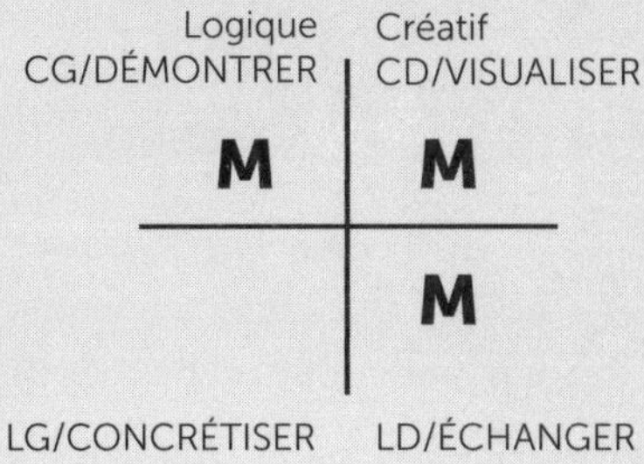

Hémisphère droit : Créatif
Préférence majeure : triple, CG/DÉMONTRER et CD/VISUALISER et LD/ÉCHANGER

Son parcours professionnel lui a permis d'exprimer ses préférences. La dimension logique imprègne les secteurs d'activité qui ont été les siens : les comptes, la quête de l'équilibre, la rigueur, le respect des règles et le contrôle. Il est dans son élément. Mais ce qui l'intéresse avant tout est d'avoir l'idée CD/VISUALISER, la rendre logique et assurée CG/DÉMONTRER puis la partager en communiquant LG/ÉCHANGER. Sa motivation est alors autant la vision que le contact et le lien avec les autres. Nommé à la tête du Budget pour réduire les déficits publics, il se prête naturellement à l'exercice logique qui s'impose CG/DÉMONTRER, mais il veut aussi convaincre et prouver, agir sur les causes en modernisant CD/VISUALISER. À la tête de la Française des Jeux, il se préoccupera autant des chiffres CG/DÉMONTRER et des innovations qui les feront progresser CD/VISUALISER, que de la dimension humaine qui les rend concrètes : confiance des joueurs, accompagnement des gagnants, prévention de l'addiction LG/ÉCHANGER.

Sachant concrétiser, il crée la confiance dans ce qu'il entreprend car il reste dans la sécurité sans pour autant perdre la vision...

AVIS ET VERBATIM :

En un mot, comment qualifiez-vous cette méthode ?
Rapide.
Diriez-vous que vous êtes surpris par le résultat ?
Oui.
Votre empreinte cérébrale est-elle conforme à ce que vous pensiez de vous ?
Tout à fait.
Cela vous a-t-il aidé à comprendre certaines situations de « dialogues de sourds » ?
Assez.
La proposeriez-vous à des personnes autour de vous ?
Oui.
Sur une échelle de 1 à 10, à combien notez-vous la performance, l'utilité et la précision du test ?
Note : 8

Le GPS-Relationnel® et les 4 réactions face à un traumatisme

Par traumatisme physique, on entend blessure corporelle : amputation, cécité, perte du goût (agueusie), perte de l'odorat (anosmie), etc.

Un traumatisme psychique est causé par un décès, la perte d'un enfant, l'emprisonnement, la torture, le viol ou tout acte de violence extrêmement éprouvant, guerres, exode...

La personne se sent démunie, impuissante, abandonnée et ne peut plus maintenir des relations harmonieuses avec les autres.

Les circonstances sanitaires (pandémie du COVID), climatiques font que de plus en plus de personnes vont être exposées à des catastrophes naturelles telles que tornades, séismes, ouragans, crues, fonte des glaciers, pluie, grêle, neige, incendies gigantesques détruisant habitats et terres.

Selon les préférences cérébrales, chaque personne réagira différemment face à ces traumatismes :

- Le CG/DÉMONTRER essaiera d'analyser la situation et appliquera un raisonnement logique pour sa survie.
- Le CD/VISUALISER mettra en œuvre sa créativité pour trouver une solution et/ou s'appuiera sur une approche spirituelle et philosophique, telle celle portée par exemple par le bouddhisme, pour supporter l'intolérable.
- Le LG/CONCRÉTISER va devenir ultra pragmatique, va agir étape par étape sur vingt-quatre heures, jour après jour, pour avancer.
- Le LD/ÉCHANGER va en priorité rechercher l'autre, les autres, pour le lien affectif et la complémentarité des solutions à trouver pour le groupe. Un parent seul s'oubliera pour sauver son enfant.

La perte d'un enfant est le seul traumatisme qui laisse dans une solitude totale, parce qu'il est contre nature. C'est une souffrance indicible, inaccessible à l'autre.

C'est d'ailleurs pour cela que beaucoup de couples qui connaissent cette épreuve se séparent, car, même si leurs préférences cérébrales sont complémentaires, elles deviennent à ce moment antagonistes : par exemple, un LD/ÉCHANGER voudra s'exprimer encore plus et épancher sa douleur, tandis qu'un LG/CONCRÉTISER cherchera le recueillement, le silence, pour soigner sa blessure.

Si leurs préférences cérébrales sont semblables, aucun des deux ne peut réconforter l'autre car il est dans la même demande et ne peut rien lui apporter. Chacun vit sa douleur seul.

Martine Laroche-Joubert, 74 ans
Grand reporter de guerre
France 2

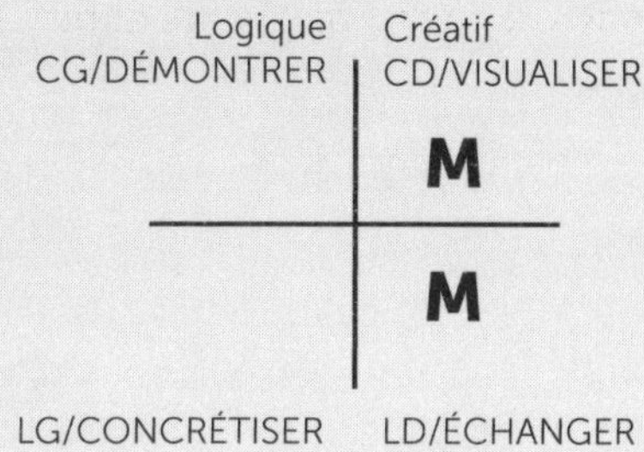

Hémisphère droit : Créatif
Préférence majeure : double, LD/ÉCHANGER et CD/VISUALISER

On constate qu'elle est en parfaite adéquation avec son sens de la liberté car elle est majeure hémisphère droit.
Étant double dominant CD/VISUALISER - LD/ÉCHANGER, elle a autant besoin d'autonomie que de communication et d'échange.
Elle rebondit sur l'échec et a absolument besoin de lien et de reconnaissance pour s'épanouir. Son métier de grand reporter la comble. Pourtant son parcours initial ne l'a pas prédestinée à ce métier.

Elle passe un bac philo, fait des études de droit puis Sciences Politiques, parce qu'elle a pensé que « ce ne serait pas trop fatiguant, ne lui prendrait pas trop de temps et lui permettrait de s'amuser ». Son père, qui était au Quai d'Orsay, l'a influencée dans le choix de la filière « service public » car il était énarque et haut fonctionnaire et souhaitait qu'elle suive ses traces.

En sortant de ses études, elle ne veut pas faire l'ENA, même si elle est dans les premières.
Elle décide d'aller vers le théâtre, qui lui plaît énormément, intègre le cours Jean-Laurent Cochet. Contrairement à certaines comédiennes qui ont besoin de beaucoup répéter pour bien jouer, plus elle répète, moins elle est bonne. Elle comprend que la répétition et la régularité ne lui apportent ni plaisir ni performance, donc elle quitte le théâtre après deux années. Entre-temps elle s'est mariée.

Son mari lui conseille de faire du journalisme et elle est recrutée, grâce à ses diplômes, au journal *Le Quotidien de Paris*.
Elle se retrouve à la rubrique du service économique. Le premier jour, le rédacteur en chef lui demande un papier pour le lendemain sur le bilan de l'avion supersonique le Concorde. Elle n'a pas le temps de se trouver un pseudonyme et signe sous son nom de femme mariée, Laroche-Joubert. Son article ayant une belle répercussion, elle n'arrête pas d'écrire.

Puis elle est entraînée dans l'équipe de Michel Lancelot qui part monter l'émission Culture Rock sur France 2. Ses participants sont tellement déjantés qu'après six mois elle les quitte.
Entre-temps, on l'a remarquée à France 2 et on lui propose de faire partie du journal du 20 heures, aux informations générales. Martine a vingt-huit ans et pendant son premier reportage en Centre-Afrique avec les Pygmées, elle ressent cette sensation enivrante de liberté, la même que celle vécue lorsqu'elle avait quatre ans, dans le désert marocain, en allant au baptême de son frère. Une sensation qu'elle avait depuis totalement perdue. Et là, elle découvre que ce métier est fait pour elle ! Plus tard, elle est envoyée en Haïti pour couvrir les premières élections libres après le départ des Duvalier. Mais les hommes de main de ces derniers, les Tontons Macoutes, ont voulu empêcher les électeurs d'accéder aux bureaux de vote en les tuant sous

ses yeux à la machette. Elle a eu peur, mais n'a pas paniqué et a senti qu'elle pouvait arriver à faire son travail de témoin dans des conditions dangereuses. À partir de là, sa rédaction l'a envoyée dans de nombreuses zones de conflit : Irak, Afghanistan, Yougoslavie…
Elle constate partout dans le monde que les gens peuvent survivre à la torture, à la guerre, mais pas à la mort de leurs enfants.

« Mes enfants », dit-elle, « ne m'ont jamais demandé de ne pas partir, même quand ils me voyaient en direct dans mes reportages sous les bombes, ils devaient penser que j'étais invulnérable, ou alors ils bloquaient une partie de leur cerveau, étrange non ? »
Exemple : elle est à Bagdad en janvier 1991, quand la première guerre du Golfe éclate. Sur ordre de la direction qui veut qu'elle rentre et lui fait un chantage aux enfants en disant « C'est irresponsable de rester », elle se rend la mort dans l'âme à Amman en Jordanie. Elle y reçoit un appel téléphonique de sa fille Alexia qui lui dit : « Qu'est-ce que tu fais là, c'est à Bagdad que ça se passe ! » Du coup, elle repart à Bagdad.

Partir dans ces pays en guerre devient une addiction, elle le sait. À chaque retour, c'est difficile parce qu'il faut revenir dans la réalité du quotidien.
Elle trouve que lors des reportages en zones de conflit, les rapports sont plus vrais, parce qu'il n'y a pas de relations superficielles : les gens sont dans la survie et dans le rapport direct avec l'autre. Elle a trouvé que des gens anonymes pouvaient se conduire comme des héros extraordinaires et que des gens qu'elle croyait extraordinaires ne sont en rien des héros.
Elle explique que malheureusement, c'est la population civile qui est la plus touchée en temps de guerre : un tiers de victimes dans l'armée, deux tiers dans la population civile.

Après la satisfaction que lui procure à chaque fois un reportage dans ces pays bouleversés, où son limbique droit/lien s'épanouit dans une relation authentique qui va droit à l'essentiel et repose sur la confiance, elle doit ensuite accomplir un reportage plus calme parce que très souvent, la dépression peut survenir suite au décalage qu'elle vit en retrouvant son quotidien.

Dans son livre sorti en 2019, *Une femme au front*, aux éditions du cherche midi, elle raconte tous ses voyages et ses reportages en Iran, en Afghanistan, en Irak, etc.

CONCLUSION POUR LE BONHEUR ET L'HARMONIE DE LA RELATION AVEC SOI-MÊME ET LES AUTRES

Le propre de l'homme, qui nous lie tous, est de pouvoir s'exprimer verbalement pour communiquer émotions, directives, informations, etc. dans la vie quotidienne et par le monde entier.

Vous avez suivi ce chemin tout au long de ce livre en essayant de vous comprendre, de savoir ce que vous détestez et ce dont vous avez besoin, que ce soit dans votre vie familiale, amicale, sentimentale ou professionnelle.

Vous avez exploré votre relation à l'argent, aux jeux, aux loisirs, au sport et à la santé, et vous avez décrypté vos réactions face à un traumatisme.

Vous avez compris pourquoi vous vous êtes parfois trouvé dans des situations d'inconfort ou encore d'incompréhension, alors même que la plupart du temps vous vouliez dire la même chose que l'autre. En comprenant pourquoi il ne fonctionne pas comme vous, vous avez déjà fait un grand pas pour entrer dans une vraie relation de respect et de partage.

La lecture de ce livre vous permet de dissiper enfin ces éventuels malentendus grâce au guide du langage universel, « le **G**uide **P**références **S**imultanées », et d'accueillir la diversité pour en faire une complémentarité et une force. En un clin d'œil, vous aurez clé en main les « quatre façons de le dire » pour convaincre et captiver n'importe quel interlocuteur.

Vous avez aussi découvert, grâce au test en ligne du GPS-Relationnel, votre empreinte cérébrale originelle. Elle est unique, comme vous. Même les jumeaux n'ont pas la même !

Cette empreinte cérébrale reflète l'ordre d'utilisation de vos quatre préférences cérébrales et les proportions entre elles. Elles sont communes au cerveau des êtres humains du monde entier, mais chacun en a une combinaison unique. Vous souhaitez être respecté pour votre identité propre, et vous en faites autant pour l'autre.

Le plaisir étant le carburant essentiel au bon fonctionnement du cerveau, votre empreinte cérébrale vous indique comment il décuple votre énergie ou, au contraire, combien cela vous fatigue de fonctionner à l'encontre de vos préférences cérébrales.

Vous possédez maintenant le sésame pour entrer dans le bonheur de la relation et profiter de la chaleur du lien que vous avez créé. Vous vous sentirez sur la même longueur d'onde que vos interlocuteurs, la puissance du lien fera fi de toutes les contingences, vous serez dans la fluidité de l'échange et dans la reconnaissance bienveillante de l'autre.

En lisant les nombreux témoignages de ce livre, vous avez vu que ceux qui en parlent le mieux sont ceux qui ont testé et adopté cette méthode.

Vivez en harmonie avec vous-même et avec les autres grâce à l'Expérience GPS-Relationnel®.

Le test GPS-Relationnel® : notre empreinte cérébrale originelle pour SE COMPRENDRE.

Le guide GPS-Relationnel® : notre langage universel pour SE FAIRE COMPRENDRE.

BIBLIOGRAPHIE

Voyage du cerveau gauche au cerveau droit. Philippe Menei, EDP Sciences, 2021.

Face à face avec son cerveau. Stanislas Dehaene, Odile Jacob, 2021.

Cerveau droit, Cerveau gauche. Cultures et civilisations. Lucien Israël, Plon, 1995.

Consolations. Christophe André, L'Iconoclaste, janvier 2022.

Les 5 portes, trouve le chemin de ta spiritualité. Fabrice Midal, Flammarion/Versilio, 2021.

Le Bonheur est caché dans un coin de votre cerveau. Fabien Olicard, First, 2020.

Ma bible de la mémoire et du cerveau. Jean Michel Jakobowicz, Leduc, 2019.

Cerveau et méditation. Matthieu Ricard, Wolf Singer, Allary et Pocket, 2017.

Manger mieux pour un cerveau heureux. Bénédicte Salthun-Lassalle, Prisma, 2019.

Le choix du vivant. 9 principes pour manager et vivre en harmonie. Marie-Hélène Straus, Éric Julien, Les liens qui libèrent, 2018.

Ces liens qui nous font vivre. Éloge de l'interdépendance. Rébecca Shankland, Christophe André, Odile Jacob, 2020.

Ce que les peuples racines ont à nous dire. Frederika Van Ingen, Les liens qui libèrent, 2021.

La Rencontre, une philosophie. Charles Pépin, Allary Éditions, 2021.

Être soi dans ses relations. Sylvie Grivel, Eyrolles, 2014.

Tout commence par soi. Ce qui m'a aidée pourrait vous aider aussi. Tatiana Silva, Albin Michel, 2021.

Les Adultes surdoués. Gabriel Wahl. Que sais-je ? n° 4076, 2019.

Les Jeux et les Hommes : le masque et le vertige. Roger Caillois, Gallimard, 1958.

"Complementarity of sex differences in brain and behavior: from laterality to multimodal neuroimaging". Ruben C. Gur, Raquel E. Gur, *Journal of Neuroscience Research*, 2017 Jan 2;95 (1-2): 189-199.

Sciences humaines. Hors-série spécial, novembre-décembre 2011, N° 14. Jean-François Dortier.

Se libérer du complexe de Cendrillon. Trouver l'audace de vivre. Saverio Tomasella, Eyrolles, 2020.

« L'Observatoire du rapport des Français aux loisirs ». L'Obsoco, Synthèse et rapport d'analyse, 2020. LObSoCo-Compagnie-des-Alpes-l-LObservatoire-des-loisirs-l-Synthese-Rapport-danalyse_Publication.pdf

SITOGRAPHIE

- https://www.scienceshumaines.com/la-conscience-est-elle-dans-le-cerveau_fr_24295.htmlTISSAGE – ISBN 978-92-64-02914-9 – © OCDE 2007
- https://institutducerveau-icm.org/fr/actualite/comprendre-le-cerveau-et-son-fonctionnement/
- https://www.managementvisuel.fr/deux-theories-sur-le-cerveau/
- https://www.futura-sciences.com/sante/definitions/biologie-cerveau-3125/
- https://www.cerveauetpsycho.fr/sr/grandes-experiences-de-neurosciences/roger-sperry-et-la-decouverte-du-cablage-cerebral-17606.php
- https://www.cerveauetpsycho.fr/sr/grandes-experiences-de-neurosciences/roger-sperry-et-la-decouverte-du-cablage-cerebral-17606.php
- https://www.cerveauetpsycho.fr/racine/type-article-editorial/grands-formats/un-cerveau-different-22438.php
- https://www.youtube.com/watch?v=V0GgvticfDQ&ab_channel=CESACOM-%C3%A9coledecommunicationParis%26Lille
- https://www.manager-go.com/efficacite-professionnelle/communication-interpersonnelle.htm
- https://www.cairn.info/l-ecole-de-palo-alto--9782130606628-page-3.htm
- https://www.penser-et-agir.fr/communication-interpersonnelle/
- https://medecine-integree.com/les-trois-cerveaux/
- https://www.francetvinfo.fr/sante/psycho-bien-etre/il-existe-un-vrai-amalgame-entre-le-haut-potentiel-et-la-souffrance_3500867.html

- https://www.adulte-surdoue.org/2012/01/trop-intelligent-pour-etre-heureux-jeanne-siaud-facchin/
- https://www.reussirmavie.net/Comment-faire-evoluer-son-profil-cerebral_a1356.html
- https://www.cairn.info/revue-des-sciences-de-gestion-2009-5-page-61.htm
- https://www.cairn.info/revue-diogene-2004-1-page-136.htm
- https://enfantsneocanadiens.ca/culture/influence
- https://fr.textmaster.com/blog/differences-pays-culture-entreprise/
- https://www.berlitzhautsdefrance.fr/blog/6-exemples-de-differences-culturelles-dans-la-communication-dentreprise/ - Gill Atkinson, 22 janvier 2020
- http://www.frcneurodon.org/comprendre-le-cerveau/a-la-decouverte-du-cerveau/les-activites-intellectuelles-au-service-de-la-sante-du-cerveau/
- http://www.frcneurodon.org/comprendre-le-cerveau/a-la-decouverte-du-cerveau/les-emotions/
- https://www.femmeactuelle.fr/amour/couple/sentiment-amoureux-quest-ce-que-cest-2095644
- Aude Tixeront 2020

REMERCIEMENTS

Tous mes remerciements et ma plus sincère reconnaissance à ceux qui m'ont permis d'écrire ce livre :

à Philippe Peyrat, le premier à m'avoir incitée à prendre la plume,

à mes enfants Victoria et Benjamin que j'aime plus que tout, mon moteur et mes soleils,

à mon mari, pour sa sérénité et patience, son écoute et ses conseils,

à Solon Smith qui m'a ouvert au domaine des neurosciences,

à Stéphanie Honoré qui a cru en mon livre,

à Valérie de Sahb, mon éditrice pour sa confiance et sa vision,

à Pauline Hélot pour son sens de la formule, et son coaching qui donne... le déclic,

à Myriame Albert sans qui ce livre n'aurait pu voir le jour,

à Béatrice Noël pour son amitié et son aide constructive,

à Marie-Christine Labourdette pour son esprit aiguisé de cerveau gauche !

à Isabelle Warolin qui m'a mis le pied à l'étrier,

à tous mes amis, partenaires et clients, à qui le test GPS-Relationnel a apporté clairvoyance, aide et réconfort, merci pour leur confiance.

Et pour leur participation, temps et implication si généreuse à cet ouvrage, toute ma reconnaissance à :

Alexia Laroche-Joubert

Amirouche AitJoudi

Clément Martin-Saint-Léon

Christophe Blanchard-Dignac

Frédéric S.

Jacques Seguela

Jean-Christophe S.

Laurence Bonnel

Martine Laroche-Joubert

Michel Drucker

Peter Boyles

Philippe Menei

Valérie Belin

Vassila Boukhlef

Yannick Alléno

Yves Coppens

TABLE DES MATIÈRES